沖縄、脱植民地への胎動

知念ウシ・與儀秀武・桃原一彦・赤嶺ゆかり

未來社

沖縄、脱植民地への胎動　目次

第一部

第二部

第三部

沖縄、脱植民地への胎動

装幀——戸田ツトム

第一部

知念ウシ

「どうして沖縄の正月は学校が休みにならないの」

（沖縄からの報告25・二〇一二年三月号）

昨年（二〇一一年）三月号で、私は小学生の子どもたちが私の沖縄正月祝いの企画にのってくれないことにすねて家出したことを書いた。(註1) 今年一月のはじめ、友人の新年会に行くと、参加者——沖縄の平和運動の先輩や仲間である政治家や運動家、大学教授たち——が、驚いたことに、みなその号を読んでいて（コピーまで出回っていたようだ）、

「去年の沖縄正月《うちなーそーぐゎち》、家出したんだよねー」

とからかうのだ。なかには、私の出発後、シーンとなって気まずいムードの、すぐに「何かあったな、と感じさせる」我が家に、新年のあいさつに立ち寄ったという目撃証人までいた（ちなみに、その友人が「お母さんは?」と聞くと、息子は「あー、しけて出て行った」と答えたという）。そして男性陣は、私が家出を宣言したとき、ツレアイが

「あ、はい、いってらっしゃい」

と言ったというくだりに、それぞれ思うところがあるのか、大うけしていた。男性の「琴線」に触れる何かがそこにあるのだろうか。

さて、今年（二〇一二年）の新正というか日本暦というか西洋暦というか、一月一日。私は疲れ果てていた。年末の日程のせいである。

原稿と校正と子どもの誕生日と誕生会とクリスマスパーティーとクリスマスプレゼントの買い出しと防衛省の田中聡防衛局長（当時）が「犯す前に犯すと言いますか」とたとえたことが暴露されて更迭された辺野古移設を進めるための環境影響評価書の提出を阻止するための那覇市泉崎にある沖縄県庁での二十六日から二十八日夜の監視座り込み行動への参加と我が家での年末の掃除である。

その間に「カマドゥー小《ぐゎー》たちの集い」として、その田中前沖縄防衛局長のレイプ発言への抗議と普天間基地の県外移設を要求しに沖縄防衛局へも行った。応対した広報官は静岡の出身だったので、静岡空港に普天間基地を引き取ったらどうか、と私たちが提案すると、彼は「日米合意があればそうします」と答えた。

大晦日には「今年も私たちよく頑張ったね、普天間基地の固定化ならん！　カマドゥー小たちの集い大晦日集会」を普天間基地第三ゲート前でやった。私たちは「基地は県外へ」の幕を持ち、段ボールに大きく「県内×固定化×県外○」「嘉手納統合案×県外統合案○」“NO BASE”“THIS IS OUR LAND”と書いたものを持って、道行く車に手を振った。反応はよかった。人々は車のスピードを少し落として、私たちのメッセージを読み、クラクションを鳴らしたり、お辞儀をしたり、手を振りかえしたりした。半数ぐらいはそのように合図してくれ、これまでで一番手ごたえがあった。心がじわーと温かくなった。

その後、年越し沖縄そばの材料を買って家に帰り、夕食にした。

深夜には除夜の鐘が聞きたいから絶対に起こしてよといってたから起こしたのにやっぱり起きない

子どもたちのそばで、風向きのせいなのか、近所の寺の鐘ではなく、ボーッボーッボーッという那覇の港の船の汽笛を聞いた。

そして、一月一日。沖縄暦では十二月八日、ムーチーの日である。子どもたちが健康に育つことを願って、餅をこねて月桃の葉に包んで蒸して、食べさせるのである。この日のために庭に月桃も植えてある。しかし、正月料理にムーチーづくり。多くの家庭では頑張って両方実施されているだろうとは想像つくが、ワタクシ体力気力切れである。そこで地元紙の新年号に大きく「今日はムーチー」と出ていたのに意を決して、

「そうだ、今日はムーチー！　正月は沖縄正月！」

と宣言した（つまり、正月料理はしません、という意味）。それで、子どもたちにせがまれて近所の寺に行ったあと、叔父の家に行っておせち料理をごちそうになり、帰宅してムーチーをつくった。次の日は新年のあいさつで親戚を回り、最後に一番上のいとこのニーニーのところへ行って夕食をごちそうになった（ほとんど食べ歩き……）。

そして迎えた沖縄正月。本年度は一月二十三日だ。昨年度の私のライバルは節分と「恵方巻き」だったが、今年のライバルは田中直紀防衛大臣である。

トゥシヌユールー（大晦日）のウーニー（年越し料理、大煮）つくりから飾りつけ、正月料理と、スムーズに進んでいった。去年の家出のかいあって、子どもたちも非常に協力的だった。親戚も招待したが、仕事が忙しいとのこと。グローバル資本主義社会で生きる現代の琉球人の現実だ。それでも、お正月の時間と空間に身を浸し私は幸せだった。すると、ちょっと物憂げな表情のツレアイが言った、

「ねえ、やっぱり県庁前行こうよ」

内閣改造で新防衛大臣に就任した田中直紀が、沖縄県知事に辺野古移設をいいに県庁に来るというのだ。この、沖縄正月一月一日元旦午前中に。それに対する県庁前抗議集会のことである。私は「行きたくない。今日はお正月だから、ナントカカントカ反対、オーってやりたくない。怒りたくないの。お正月なんだから」

「でも、人数少ないとあきらめたと思われるし」

「お正月だから仕方ないし、どうせすぐ大臣くびになるよ」

「でも、ちょっと心配だから」

と言うので、帰りに市場に回って買い物をするという条件で、私は出かけることに渋々同意した。

県庁前は正月だというのに、人がたくさん集まっていて、ほんとにみんなえらいな、と思った。シュプレヒコールの指揮をとる平和運動センターの山城さんのところへ行って、

「今日は沖縄のお正月なんだから、こんな日に来るなんて、めちゃくちゃ迷惑だ。私たちにお正月させない気か、ってシュプレヒコールして下さい」

と頼んだら、強く共感してさっそくやってくれた。

「ほんとにそうだ」「まったくだ」というどよめきが起きた。

集会後、公設市場に行ったら、お正月休みで全部閉まっていた。買い物できなかったけど、感動した。沖縄正月はここに確かに生きているのだ。

家に帰って中身汁をつくった（ここで気づいたが、去年私は「ソーキ骨ぬ《ぶに》御汁《うしる》」をつくった。今年はまったくそのメニューは思い浮かばず、「正月といえば中身汁だろ」との確信で動いていた。しかし、私の地域の伝統では正月料理はイナムドゥチ汁なのである。この原稿を書くまで思い出さなかっ

た。去年も忘れていた。私はなぜ、イナムドゥチ汁を無意識に避けているのか。その謎は来年三月号で解けるかもしれない……）。（註2）友達も沖縄近海まぐろの刺身をドンッと持って、やって来てくれた。

次の朝、正月料理の残りもので朝ご飯をとっていたら、小学三年の娘が言った。

「内地の正月は学校が休みになるのに、どうして沖縄の正月は学校が休みにならないの」

そうだ、そうだ、そうなのだ、わが子よ。その感覚を身につけて欲しかったのだ。

ちなみに、私は「内地」という言葉を使わない。口にしない。子どもたちに教えたこともない。それなのに、自分でどこからか学んできた。人々の言葉に存在するというのは、今年、「日本復帰」四〇年を迎える（かもしれない——まだわからない（註3））沖縄で、いまでも「内地—外地」という関係性が生きている証だろう。

と、ここまで書いてきたら、友人からメールがきた。私は昨年十月号本欄に「カマドゥー小たちの集い」で普天間基地に風船をあげたその嘉数高台公園で米兵の一団と遭遇し、彼らを追い出した事件についても書いた。（註4）それに関して米軍側で出回っているものらしい。私のところには友達の友達の友達（おそらくその前にも友達の友達ぐらいが存在しそうだ）から転送されてきて、差出人として普天間基地所属の米海兵隊員の名前がついている。彼が「仲間に回して。そして気をつけるように」と注意書きを付けながら発信した。米軍側のとらえ方が興味深く、読者のみなさんと共有したく、ここに翻訳して紹介する。ぜひ、『闘争する境界』を取り出して、読み比べるべし。

非機密／公用のみ

海兵隊は最近嘉数高台ツアーのとき、「白人」の反基地デモ隊に嫌がらせと挑発を受けた。沖縄には住んだり来たりして、反基地運動に参加するアメリカ人、オーストラリア人、イギリス人がいることに全隊員は気をつけよ。彼らは時に平均的日本市民より米兵士に対して攻撃的で、通常はより広範で国際的な、いわゆる平和運動のメンバーである。今回の事件では、これら反基地要員は海兵隊との物理的事件を誘発しようとしているようだった。彼らは成功した場合に備え近くにカメラクルーを隠していた。これは重大な事件になりえたが、六〇人の海兵隊員はみな自らのプロ根性を維持し、衝突を避け、その場所をあとにした。

もし基地外で似たような状況になったら、その場を離れるように。妨害されたら、携帯電話で一一〇で沖縄警察、一一九で救急／消防、または〇九八—九一一—九一一一で軍警察を呼び出すように（実際に必要となる前に、いま、この番号を携帯電話に「緊急」として登録せよ）。

沖縄でなじみのない地域に旅行するときは、緊急時の電話で場所を言えるように、旅行予定地の市町区の名前、最寄りの交差点で名前が点灯されたもの（青文字の小さな長方形の白い標識）と通り番号を覚えておくように。

さらにこの何日か、二人の人間が、メインゲートから通り向かいのロイヤルホテル上から、米陸軍トリイ・ステーションへのビデオ監視を行なった。日本で米軍基地を監視するとは、反基地グループ、犯罪者、スパイ、テロリストかもしれない。キャンプ・コートニー、キャンプ・マクトリアスに対して監視がされているのを見かけたら、DSN：六二二—九六九〇か携帯電話で〇九八—九五四—九六九〇にかけてキャンプ・コートニーの軍警察に報告するように。

米軍の法執行機関はこれら両方の事件に対処するために、ホスト国の警察と協力している。

（レポート＃1の概要：反基地デモ隊による海兵隊への嫌がらせ

ツアーガイド、マーク・ワイカスターからの事件の説明）

二〇一一年八月十日私は、キャンプ・キンザーの海兵隊員六〇人のために戦跡ツアーをした。我々は午前八時五〇分頃嘉数高台に着いた。私は公園に海兵隊員を連れて行き、戦闘に関する導入部のいつもの短い説明を始めた。そのとき、私は一人の白人男性がグループに近づき携帯電話で撮影を始めたのを見た。彼は近くに立って説明を聞き、私の発言の妥当性について挑戦的なコメントを言い出した。彼は大声で述べ、私に向かって叫び始めた。このとき海兵隊員の一人が彼に近づき、彼の部隊のために研修を行なっているから静かにするように言った。男はしばらく静かだったが、また私を嘘つき、戦争屋と呼び始め、さらに私が海兵隊員を洗脳していると非難した。ここでまた彼は近づき、静かにするか、放っておいてくれと言った。すると男は高台の上のほうへ行った。私はその後説明を続けたが、数分後、浦添市の公園管理の人がやって来て、丘の上には行かないようにといった。その人が帰ったあと、私はテレビクルーやカメラマンをも含む何人かの人が丘の上から降りてくるのに気がついた。私が説明を続けていると、彼らは機器をセットし始めた。数分後に男と他に約一五人が丘の下に来て、我々を、赤ん坊殺し、殺人者、臆病者と呼び、我々はすべて洗脳されていると私を怒鳴り始めた。この時点で私は部隊を退去させ始めた。我々が去ろうとしたので、男はさらに興奮し、海兵隊員を巻き込み始めた。私はグループを移動し続け、怒ったグループと海兵隊との間に立った。我々は、バスに戻るまでずっと、海兵隊員にインタビューしようとするテレビクルーに追跡され、その男と人々は海兵隊に侮蔑的なコメントを投げつけていた。私はそのグループから海兵隊を離していることができた。出来事全体を通して、海兵隊員がグループに言い返すとか、その男のグループと物理的接触に至ることはなかった。私が考えるに、その男は、私たちのうちの一人がグループに向かって何か言ったり、彼のグループのメンバーの一人に暴行を加えたりすることを企図していた。海兵隊員はその行動に偉大な個人的抑制力とプロ根性を示した。そして我々は再びバスに乗り込み、およそ午前九時二〇分にそこを出た。（後略）

この米軍レポートで興味深いのは、トラブルは大きな問題になりうると彼らが認識している、すなわち、彼らが沖縄の世論を怖れていることだ。その一方、たった一人の白人の存在を気にしている。あのなかで彼らと「同じ人間」は彼一人ということなんだろうか。また、私たちは「赤ちゃん殺し」などと言っていない。彼らの投影ではないか。そもそも、怒っても人を殴らない、ということは「偉大な個人的抑制力とプロ根性」なのか。普通の当たり前のことではないのか。この言い方から、かえって彼らがいかに暴力的かがよくわかる。また、いつもは地位協定を盾に沖縄警察に非協力的なのに、自分たちが困ったら一一〇番するつもりなのだ。

（註1）知念ウシ「お正月に家出した」、『闘争する境界——復帰後世代の沖縄からの報告』所収、未來社、二〇一二年。

（註2）二〇一三年も二〇一四年も三月号で、その謎について触れることはなかった。しかし、私にはうっすらとわかってきているのだ。その謎解きについては二〇一五年三月号に書かれるかもしれない……。

（註3）結果としてそうなった。しかし、「復帰五〇年」についてはまだわからない。知念ウシ「いつまでもある

と思うな『復帰五〇年』」、『シランフーナー（知らんふり）の暴力――知念ウシ政治発言集』所収、未來社、二〇一三年、参照。

（註4）知念ウシ「普天間の空・普天間の大地は私たちのもの」、『闘争する境界』所収。

（沖縄からの報告28・二〇一二年六月号）

なぜ岩国×で沖縄は〇なのか

（二〇一二年）三月二十一日に「カマドゥー小《ぐゎー》たちの集い」で日本国防衛省沖縄防衛局に野田佳彦総理大臣（当時）、田中直紀防衛大臣（当時）、真部朗沖縄防衛局局長（当時）宛てに次の質問書を持っていった。

「なぜ、岩国への移転は拒否するのですか？」

報道によると、二〇一二年二月一日に米国が沖縄駐留米海兵隊一五〇〇人の米軍岩国基地（山口県）への移転を日本に提案。日本政府は、早くも二月十三日には山口県知事と岩国市長に「安心してください」と岩国移転を米国に拒否することを伝えています。

なぜ、普天間基地の辺野古移転は同じように拒否しないのですか。一九九六年日米政府の「普天間基地返還合意」からでさえ十六年、変わらない状況に抗して沖縄では、署名、決議、集会や大会、基地包囲、座り込み等あらゆる行動で「県内移設反対」の意志を表わしてきました。さらに、知事をはじめ県議会決議、全市町村議会決議などオール沖縄で「普天間基地の県外・国外移設」を要求しています。日本国内に沖縄以上に長年にわたり強く基地を拒否しているところが他にあるでしょうか。

にもかかわらず、米国が提案した岩国への移転は拒否するのに、なぜ、辺野古への移転は拒否しないのですか。

「沖縄の負担軽減」と言いながら、沖縄から岩国基地(山口県)への移転をなぜ断るのですか。在日米軍基地の都道府県別面積の割合は、沖縄七三・九%、青森七・七%、神奈川五・九%、東京四・三%、山口二・六%、その他となっています。沖縄の極端な突出した負担は誰の目にも明らかです。今回提案されている沖縄と山口を比べると負担は七三・九%と二・六%、しかも、山口の面積は沖縄の約三倍もあります。それなのになぜ米国提案を断るのですか。

野田総理自身も沖縄と日本本土とのあまりにも不平等な状況を認識し「在沖米軍基地の日本国内での分散移転の必要性」があると発言しているではありませんか。もう一度質問します。なぜ岩国への移転は拒否するのですか? その理由を明らかにしなさい。

私たちも言われたい。「もう基地で苦しめませんから、安心してください」と。

「安心してください」と言ったのは玄葉外務大臣(当時)である(山口県HPでは、「安心していただきたい」となっている)。彼は、外務大臣就任インタビューで、米軍普天間基地を名護市辺野古に移設するとした日米合意への沖縄県民の理解について、「踏まれても蹴られても誠心誠意県民と向き合っていくしかない」と言った。これに沖縄側から「踏みつけられているのは県民のほうだ」との反発が起きた（「琉球新報」二〇一一年九月七日）。

　そして今回ばれたのは、日本がアメリカにＮＯが言えない、というのは嘘だということだ。日本政府はこんなに「見事に」「即座に」言っている。日本はアメリカの言いなりではなく、自らの判断で基地について決めているのだ。

　山口県や、岩国基地へ米軍艦載機が移転される厚木基地のある神奈川県ではこの問題がどう受け止められているのだろうか。市民はどう感じているのだろうか。

　また、沖縄では「県外移設」を主張すると、「自分の痛みをよそへ移すのはよくない」とか「沖縄で基地を廃止解体すべきだ」と批判されることがある。では神奈川県民も同じように批判されているのか。人々はそれにどう答えているのだろうか。

　雑誌「世界」（岩波書店、二〇一二年五月号）の「メディア批評」で神保太郎氏がこの岩国移転案について取り上げている。神保氏は書く。「しかし、山口県と岩国市は断固として拒否してきた。そのため、日本政府も米軍もこうした打診や要求を引っ込めざるをえなかった」。さらに、神保氏は同問題についての「中国新聞」の三月十七日の社説を紹介して言う。『「もともと米側は沖縄からグアムへ八〇〇〇人の海兵隊を移すと約束していた。グアムの施設整備が進まないからといって、うち一三〇〇人を岩国で受け入れてほしいというのは米側の〈約束破り〉にほかならない。日本政府が拒否するのは至極当然である』と勢いがいい」。

　私が興味深いのは「そのため、～引っ込めざるをえなかった」「『～至極当然である』と勢いがいい」という文章が、なぜ「日本語として」成立できるのか、ということだ。この箇所のあと、この論稿では沖縄の二紙を引用し普天間基地問題が取り上げられているため、なおさらだ。すなわち、例えば、前者の「山口県と岩国市」を「沖縄県と名護市」に置き換えてみるだけで、この文章は成り立たなくなる。また、後者の文において、沖縄から外に出すことになった米海兵隊一八〇〇人のうち、受け入れ先とされたグアムでの施設整備が難航しているため、うち一三〇〇人を岩国で受け入れるというのは、「沖縄の負担軽減」の観点から有り得る話ではないのか。「米側の〈約束破り〉」だとして拒否するのが「至極当然」なことなのだろうか。検討すらしないのか。迷うことすらしないのか。このような疑問を提示すらせず、これらのことがあたかもまったくの当たり前であるかのように、文章として、書き手によって読者に宛てて書かれ、雑誌に掲載され、私の目の前に現われるということに、違和感をもつのだ。

さて、以下、沖縄防衛局と「カマドゥー小たちの集い」の話し合いの一部である。応対した日本人官僚である報道室室長補佐児玉達哉さん（『琉球新報』三月二十五日）は防衛省の四台のＩＣレコーダーに囲まれていた。録音記録を起こして私たちのやりとりを本省に報告するのだそうだ。彼もまた監視されているのだろうか。この話し合いの様子を防衛省だけに知られるのはもったいないので、読者のみなさんに報告することにする。

カマドゥー小たちの集い（以下「カ」と略す）**1**　なぜ、岩国移転は拒否するんですか。

沖縄防衛局報道室（以下「防」と略す）　はい、ですから、あのー、ワタクシどもとして、まー、政府として、ということでございますが、日米間において、普天間飛行場の移設とグアム移転を同時に行なうために米側と柔軟性をもって協議しているところでございます。在沖米海兵隊の岩国基地への移転については、日米間で具体的協議を行なっているわけでは、ございません。

（略）

カ1　提案はあったんですか。

防　具体的協議を行なっているわけではございません。（略）

カ1　話はあったんですか。

防　えーと、だから、日米間のですね、あのー、日米間の具体的協議の詳細についてはですね、これは、あのー、まー、外交交渉ということもございまして。

カ1　なんでー、秘密にしないでいいよ。これに私たちの暮らしと命がかかわっているんだから、秘密にしないでください。（略）政府答弁のマニュアルを読んでいるんだから、あなたは。

防　そうです。日米間の……

カ1　そうです？

防　そうです、ってか、マニュアルというか……

カ1　あなた、マニュアルって。（笑）

防　マニュアルというか、だから、マニュアルを読んでいるわけではなくて、ワタクシは、ワタクシ個人のことを申し上げているわけではなくて、政府として正式なご回答をさせていただいていると。（略）

カ1　じゃあ、二月の報道は何ですか。

防　それは報じたところに聞いていただかないと。（略）

カ2　「安心してください」って、これ、どういうことですか。

防　いや、ですから、繰り返しに……

カ1　じゃあ、アメリカからの提案もなかったの？

防　提案がなかったかは、ですから、日米間の協議内容についてはですね、まー、それは先方との関係もありますので、お答えを差し控えさせていただきます。

カ1　私たちも「先方」です。

防　いや、ですから、協議は国と国、政府間で行なっていますから。

カ2　沖縄の私たちが聞きに来てるんですよ。（略）

カ3　あまりに沖縄との対応がちがいますよね。沖縄がこんなに反対しているのに、アメリカに言えないの？　アメリカの提案、岩国と言ったら断ったんでしょ。

防　いえ、断ったというか、具体的に提案があったかなかったかも含めて具体的な……（略）

カ1　外交機密だとか、言えない、とかいったら、そのために私たち沖縄の人はこの六十年殺されてきた。外交防衛機密で。そうでしょう。それが沖縄の歴史でしょう。沖縄の戦後の。それをこの沖縄の末裔の私たちに、言えるの、あなた。だったらねー、私たちの暮らしや命に関わらないようなことをしてくださいよ。関わっているでしょう、いま。

防　えー、ですから、沖縄県民の負担軽減、普天間飛行場の危（険性の除去）……

カ1　どこに表われていますか。この十六年。

防　それを実現するために……

カ1　されてないさ。

防　いや、だから日米合意を着実に履行して……（略）

カ1　返し方をめぐって、あなたたち、自分の都合のいいように、ああ言ったりこう言ったり、そうでしょう。「返します」と言うなら早く男らしく返しなさいよ。女らしく、でもいいけど。

カ2　人間らしく。（笑）

カ1　返します、と言ったんでしょ。

防　そうですよ。

カ1　返すためにはどんな方法がある？

防　ですから、その一、代替施設を、ですねー。

カ1　代替施設しなくてもいいでしょう。（略）何があるの、普天間の機能は。普天間の機能、言ってごらん。

防　いや、ヘリ部隊……

カ1　ヘリでしょ、はい。ヘリは何が必要？

防　ヘリパッ……滑走路というか……

カ1　はい、滑走路。何メートル必要？

防　具体的に運用仕様は私どもは……

カ1　あいなー、知りなさいよ、そこまで。普天間の機能、はい、言ってみー。

防　だから。ヘリ部隊。

カ1　はい、ヘリがあって、発着できて、整備できる。この三点でしょう。日本じゅうに飛行場はいくらでもある。

防　ですから、それをー、どこに移設すべきかということについて、日米間で合意したものがですね、辺野古崎で、えー、まー、あのー、一昨年の五月でしたかねー、えー、一昨年五月、そ

れから昨年六月の日米合意というのがございますので……（略）

カ1　日米合意の前に日本国内でしょう、まずは。国内でどんな論議を重ねました？（全国に八か所ある防衛局の）地方局あるでしょ。そこで普天間の移設について論じました？（略）沖縄の負担軽減が日本全体の防衛省のテーマですと。（略）だから県外でしょう。沖縄の民衆は県外といっているでしょう。

カ3　アメリカだって沖縄じゃなきゃ困るとは言っていないんだから。日本のどこでもいいって言っているんだから。

カ1　私たち素人の人間よ。民衆よ。新聞読んで、毎日、この基地の問題にこの十六年間、大人として責任あるから見て来たんですよ。一〇四号線（越え実弾射撃演習）の移転のときも、ヤマトに行ってよかったなーと思いましたよ。本当に思いました。防衛局は働いています。九州のみなさんのために、タクシー出したり。沖縄？　やったことない、そんなの。そうでしょう。(註1)（略）地方局のみなさんで相談して。自衛隊基地もあるでしょ。（略）解決の糸口は国内にいっぱいあるんですよ。国内問題です。だから岩国が出るんです。だって、岩国から来たのよ、沖縄に、歴史的には。(註2)

カ2　そのとき、その提案を防衛省は拒否しなかったでしょう。なんで今度は沖縄から岩国へと提案されたときこれを拒否するのかと、その理由を聞かせなさい、ということなんですよ。

（略）

防　ですから、繰り返しになりますけど、在沖海兵隊の岩国基地への移転に関しましては、日米間の在沖海兵隊の岩国基地へ移転するという具体的な協議を行なってはおりません、ということです。

問答はその後も続いて全部で一時間五十八分。

その他に浮き彫りになったのは、沖縄防衛局（あるいは防衛省全体？）は、普天間基地所属の米軍ヘリの沖縄県内における飛行ルートについて、知らない。普天間基地返還後、沖縄県の米軍専用施設負担率七三・九％が何％減るか、知らない。嘉手納基地以南五施設の返還後、沖縄の負担率が何％になるか、知らない。その基地負担率は、既述のとおりだが、「その他」がどこで何％か、知らない、ということだった。「政府として正式な回答をさせていただいている」はずの彼曰く「私は今ここではわかりません、ということです」。

（註1）「砲座と着弾地の間を通っている県道一〇四号線を封鎖して行われた、いわゆる『一〇四号線越え実弾砲撃演習』は、平成九年三月四日～七日を最後に事実上廃止された。／県道一〇四号線は、恩納村安富祖から金武町金武までを結ぶ道路であり、全長約八・一キロメートルで、そのうち約三・七キロメートルがキャンプ・ハンセン内に設置する。／同演習については、これまで地元の金武町をはじめ、多くの県民からその危険性が指摘され、県としても知事訪米等、機会あるごとに演習中止の要請を行ってきた。／実施される実弾射撃演習の内、一五五ミリ榴弾砲を使用する砲撃演習は、通常、金武町中川集落近くのガンポジション（GP３０１、３０２、３０３）に砲座を設定し、約四キロメートル離れた金武岳、ブート岳等恩納連山を着弾地として行われた。／同演習で使用される一五五ミリ榴弾砲の最大射程距離は三〇メートルで、キャンプ・ハンセンの訓練区域の規模（東西約一三キロメートル、南北約四・二キロメートル）をはるかに上回ってお

り、非常に危険であった。訓練の際に着弾地で生じる爆発音や地響きは凄まじいものがあり、着弾地付近の住宅や学校等の民間地域では訓練の度に静かな生活が脅かされた。また、これまで砲弾破片落下事故等が度々発生するなど、付近住民は常に事故発生の危険にさらされていた。さらに、度重なる実弾演習により、着弾地は広範囲にわたって緑が失われ、沿岸海域の赤土汚染の原因ともなっていた。／こうした状況のもと、平成八年十二月の『沖縄に関する特別行動委員会（ＳＡＣＯ）』の最終報告で、平成九年度中に同訓練を本土へ移転することが合意され、平成九年六月には、本土での訓練計画が日米合同委員会で合意されたため、沖縄での演習は事実上廃止された。／沖縄に駐留する第三海兵師団第十二海兵連隊による実弾砲撃演習は、現在、矢臼別演習場（北海道）、王城寺原演習場（宮城県）、東富士演習場（静岡県）、北富士演習場（山梨県）、日出生台演習場（大分県）の五ヵ所の演習場で実施されている」（『沖縄の米軍基地』沖縄県知事公室基地対策課編集・発行、平成二十五年三月、七〇～七一ページ）。

「その都度県道を封鎖しその上を砲弾が飛んでいくという、国内で他に例を見ない同演習は、（一九――筆者）七三年から始まった。ほぼ月一回三日間のペースで実施され、県が取った七四年からの集計によると、最後に行われた今年（一九九七年――筆者）三月までに百八十回、延べ日数にして、三百六十二日を数え、撃ち込まれた砲弾は三万三千百発に上る。／ドドンと地鳴りのする発射音、その数秒後にグワーンというさく裂音が地響きを立てる。中でも射程の長い一五五ミリ榴弾砲と八インチ（二〇三ミリ）砲のさく裂音はすさまじいものがある。通常砲弾の他に核・化学・中性子砲弾を発射でき、最大射程距離が二、三〇キロという代物だ」。「狭い沖縄でのこの無謀な演習を県民は絶えず糾弾してきた。演習の都度、現地に動員を掛けて阻止行動を展開。演習被害にさらされる喜武原区を代名詞に『喜武原《きせんばる》闘争』と呼ばれ、息の長い反基地闘争のシンボルの一つとなってきた。／粘り強い戦いが今回、悪名高い『一〇四号線越え演習』に終止符を打たせる成果として実を結んだと言える。一連の闘争では労組員らが着弾地点に潜入して逮捕されるなど、激しい阻止行動が繰り広げられ、数えきれないほどの人がこの闘争に加わった。振り返って今回の演習廃止に感慨深いものがあるに違いない。／『目に見える形での初の成果』とも言え、多くの県民が評価するであろう。しかし、すべて良しとするには、なお多くの問題が残されている。キャンプ・ハンセン演習場そのものの撤去でないことだ。一五五ミリ砲の演習からは解放されようが、迫撃砲や小銃などの演習は依然として行われる。／『手放しでは喜べない』と地元の人たちが言うように、いろんな懸念事項があるからだ。機関銃などの小火器の演習続行をどうするかをはじめとして、相当数が予想されている不発弾処理、自然回復への緑化など、どれをとっても苦労は避けられない」（「社説　実を結んだ喜武原闘争」、「沖縄タイムス」一九九七年六月十八日）。

ところで、「宮城県王城寺原など演習移転先においては、周辺住民への補償や集団移転などの優遇措置がとられているが、沖縄でこのような措置が実施されたことは一度もない」（「沖縄情報センター」HP、「キャンプ・ハンセン」より〔http://www.asahi-net.or.jp/~lk5k-oosm/base/hansen.html〕、二〇一四年六月三日、最終確認）。

訓練移転先での対応の沖縄との違いについては、次のようなレポートがある。
「日出生台《ひじゅうだい》演習場に隣接する玖珠町で、タクシーやバスによる子供たちの登下校が始まったのは一月二十七日から。実弾射撃演習に参加する在沖海兵隊の先遣隊百人が到着してからだ。／『安全確保』を目的に町がタクシー、バスを借り上げ、運行スケジュールを組んだ。町内の小中高校生など二十八人が対象で、米海兵隊が沖縄へ撤収する今月末までタクシーやバスを利用する」、「『日出生台演習場では自衛隊も演習しているので、演習そのものについての心配はないと思う。沖縄の米海兵隊というと、いろいろな事件・事故があったときいているので不安がある』。岡崎校長（日出生台中学校校長岡崎民雪氏――筆者）は、米軍演習に関する地元の感情をこう説明する。騒音などの直接的な演習被害よりも、米海兵隊が大挙して訪れることへの不安が大きいという」、「日出生台校区でタクシー通学をしているのは演習場に最も近い小野原地区の小中高校生十人。約六キロの通学路にはパトカーが待機しているほか、教育委員会の巡回車両も走っている」（「沖縄タイムス」一九九九年二月十日)。

「本土では国の責任で防犯対策を実施する例がある。/海兵隊キャンプ・ハンセン(金武町)の県道一〇四号線越え実弾砲撃演習を受け入れた移設先(本土五カ所)では、週末や夜間の外出を希望する兵員に現地防衛施設局(二〇〇七年防衛施設庁の防衛省統合により地方防衛局に改組——筆者)の職員が付き添い、事件・事故予防に当たる。/日出生台(大分県)演習場近隣の玖珠町。基地対策課の工藤幸徳さんは『沖縄からの移転に住民から猛反発があった。受け入れ条件として、沖縄のような米兵の事件・事故が発生しないよう安全対策を国の責任ですべてやることを決めた』とごく当然のように話した。/日出生台では福岡防衛施設局と県、演習場付近の三町で結んだ使用協定は『施設局としても米軍の外出時には職員が同行するなど責任をもって対応する』と規定。/海兵隊の訓練は一年に一回。別府市など繁華街へ米兵が外出するのは最大五日と明記され、福岡防衛施設局は訓練期間中、治安・安全・対策として『外出支援班』を編成し、巡回などを行う。/日出生台で、米軍移転に反対し、米海兵隊員の夜間外出を監視する市民団体『ローカルNET』事務局長浦田竜次さん(38)=湯布院町。『施設局職員は海兵隊員が入った風俗店の前で待つ。それを私たちが監視する。異様な光景ですよ』」、「防衛施設庁職員は『外出の付き添いを沖縄でやると、職員の数が何人いても足りない。事件防止の妙案はないものだろうか』と思案投げ首だ(ママ——筆者)」(「沖縄タイムス」二〇〇一年七月七日)。

「大分県・日出生台演習場の実弾砲撃訓練に参加した在沖縄米海兵隊の隊員三人が、訓練終了後に訪れていた同県別府市内の飲食店で支払いをめぐりトラブルとなり、福岡防衛施設局の職員が代金を立て替えていたことが二十六日、分かった」(「沖縄タイムス」二〇〇一年二月二十七日)。

「(移転先とされた矢臼別演習場のある北海道)別海町では最近、防衛施設庁が実弾演習の移転対策事業としてモデル地区を指定し住宅防音工事を始めた。この種の工事は沖縄では全くされていない。矢臼別で予定されている演習日程は年に十日間程度。年平均三十日も実施されてきた沖縄では二十五年間放置されたままなのに」（「沖縄タイムス」一九九七年四月十七日）。
「上江洲区長（上江洲徳幸沖縄県金武町伊芸区区長――筆者）は県道越え演習の移転前、同区の行政委員として大分県の日出生台演習場を訪ねたことがある。『ものすごく広大で、着弾地ははるかかなただった。ここで言えば、伊芸から具志川市よりも遠い感じだった』と振り返る。『演習場にいる兵隊が見える』地域に住む者として、その広さは驚きだった。／演習期間が三百六十五日、終日設定されている金武町で、実弾射撃演習が始まったのは五二年前だ。その間、本土の県道越え演習の移転先のように『防音工事』『集団移転』『タクシー通学』など、国の配慮を受けたことは町民の記憶にない」（「沖縄タイムス」一九九九年二月十三日）。

（註2）「キャンプ瑞慶覧」（海兵隊は「キャンプ・フォースター」と呼ぶ）は北谷町・宜野湾市・北中城村・沖縄市にまたがる基地である。戦後の米軍統治下には沖縄の米陸軍司令部と米高等弁務官府がおかれ、現在は米海兵隊基地司令部（キャンププバトラー司令部）が駐留する。一九七五年四月に第一海兵航空団司令部中隊が山口県岩国基地から、さらに、一九七八年には同基地駐留の第一七海兵航空団支援群が移駐してきた。参考、梅林宏道『情報公開法でとらえた沖縄の米軍』高文研、一九九四年。沖縄県知事公室基地対策課編・発行『沖縄の米軍基地』二〇一三年三月、一七ページ。

（沖縄からの報告31・二〇一二年九月号）

普天間基地の中に入ってみた

前号（二〇一二年八月号）本欄で、桃原一彦さんが六月三十日の普天間基地「フライトライン・フェア」に行ったことを書いている（八九頁）。私も同行した一人だ。重複するが、私が体験したことも書いてみたい。

私はこれまで基地祭りに行ったことはなかった。基地の中を見てみたいとは思っていたが、私たちから土地を奪っている者に「許されて」入るのがいやだったのだ。しかし、そんな基地への「潔癖さ」が保障されたのは、私が比較的基地から離れたところに育ったからかもしれない。もっと近くで、生活や仕事をまるごと侵食されていたら、ちがっていたかもしれない。

それなのに、なぜ、今回行こうと思ったのか。それは、「カマドゥー小たちの集い」（以下「カマドゥー」と略す）の仲間で基地のそばに住んでいる女性が次のようにいったからだ。

「基地に向ける沖縄のまなざしが厳しくなるにつれて、基地祭りがどんどん地味に目立たなく開催されるようになってきている。もしかしたら、来年は一般公開されないかもしれない」

それならば、「厳しいまなざし」で中に入り、近い将来かえって来る土地を見てこようじゃないか、と思ったのである。

普天間基地祭りは当初、六月十六、十七日の週末の予定で、オスプレイ配備反対宜野湾市民大会が十七日（日曜日）だった。そこで、私たちは、この市民大会参加者に、大会後この祭りに押しかけ、「目つきの悪い沖縄人」としてうろつこう、と呼びかけることにした。反対集会後、参加者が基地に「侵入」してくるのが、軍が怖れていることなのである。それが今回、合法的にできるのだ。グッドタイミング！　サンキュー！

ところが、まるで、そんな私たちのやりとりを聞いていたかのように、祭りは突然延期された。表向き、台風接近が理由だったが、それらしき台風は来ず、市民大会のほうは開催された。

「フライトライン・フェア」は一週間後の二十三日「沖縄慰霊の日」をさけ、二週間後の三十日に実施された。

このとき、「三十日には一緒に行きましょう」と「ウーマクカマデーの会」からお誘いを受けた。この会は、「カマドゥー小たちの集い」から独立したアラフォーの男性たちのグループである。

実はカマドゥーには、女性だけではなく男性もいるのだ。私も本欄では「普天間基地周辺在住在勤の女性たちのグループ」だと説明してきたが、実は意識的に女性グループと自己規定しているわけではない。ただ、確かに、これまでのところ（十五年間）、運営会議など、「疲れ切る」まで「心の底」から「本音」で議論するのに参加し続けているのは、十人ぐらいの女性である。そのちょっと外側にそのパートナーとか子どもとか友人の男性や、そのまた友達、呼びかけに応じた市民が、一緒に活動する、というスタイルが結果としてできてきている。

ウーマクカマデーの会（以下「カマデー」と略す）は、そのなかから、私より少し年下で、沖縄の「日本復帰」（いや、沖縄の「施政権」の日本移管、そして、琉球の日本再併合である）前後に生まれた沖縄の男性たちがつくった独自のグループである。

「ウーマク」とは腕白、意志が強いという意味で、「カマデー」とは沖縄の伝統的な男性の名前の一つ。「カマドゥー」と同根の男性版の名前だ。カマデーの設立を呼び掛けた人のおじいさんの名前だそうだ。祖父・祖母の名前を孫が受け継ぐという伝統からは、彼の名前ということになる。カマドゥーでも、カマデーという名前の父をもつ人がいるし、私の祖父の名もそうだ。

そのカマデーが（祭りのあとだが）七月二十八日、カマドゥーが催した「沖縄の空は私たちのもの・風船あげようワークショップ」（八月十三日、沖縄国際大学に米軍ヘリが墜落炎上した八年目の日に普天間飛行場の周囲で風船をあげて、オスプレイ配備反対、県外移設を訴え、この空は私たちのものだと実践しよう、と呼びかけたもの）で、初めて公けに挨拶した。そのさい、「沖縄の女性は偉大だ。頭がよくて、行動力があって、勇気がある。僕ら沖縄のイキガんちゃー（男性）もがんばろうと思います」と宣言した（その後、彼は「正義感がある、も追加します」と言った）。

私は感激した。植民地主義の下、沖縄人の男女が互いにリスペクトして向き合えなくされてきた歴史があるからだ。

沖縄の女性は偉大だ。頭がよくて、行動力があって、勇気があって、正義感がある！

うれしいので、もう一度書いた。沖縄男性にそんなふうに言われるのが、沖縄女はなによりなのだ（特に私）。私はもう、いつも持って歩く手帳の開いてすぐ見えるところにメモした。めげそうになったら、これを読んで、何度も唱えて、頑張ることにした。

そんなカマデーと一緒に普天間基地の中で死者への追悼式と毛遊《もーあし》びー、歌ったり踊ったりしようということになった。二〇〇四年カマドゥーで「普天間基地のお葬式」をした。日米両政府が返すという、もういらない死んだ基地、それを葬り送ってあげよう。それには、まず、基地のコンクリートの下に埋められたままの、沖縄戦の死者たち、沖縄人、朝鮮半島・台湾などから連れてこられた男と女、米兵、日本兵、また、この地から飛び立っていた米軍に命を奪われた海の向こうの人々の魂に手を合わせる。そのために、基地のフェンスの外で黒い沖縄の平御香《ひらうこー》、火をつけないヒジュル御香《うこー》を死者たちにウサギた（捧げた）。それを今回は基地の中でやるのだ。

当日、オスプレイ配備伝達のために森本防衛大臣が宜野湾市役所に来ていたので、まずその抗議行動に参加して、次に車に分乗して普天間基地を目指した。私は運転手だ。

私たちが抗議集会をやるときはいつも、宜野湾署や米軍警察、警備員が固めている第三ゲートがこの日は全面開放。そこから入って第一検問所通過、第二検問所で止められて、運転免許証のチェック。それをクリアーし、いよいよ、滑走路に近づく。ところどころに道案内の米兵が立っている。まるで彼らが主で私たちが臨時の客のようだ。そして「駐車場」で車から降りると、次は手荷物検査。

そこをパスして目の前にあったのは、大きな二台の軍用クレーン車。縦にも横にも、民間用の三倍ほどだ。それが畳十二畳分ぐらいの旗（もっと大きかったかもしれない）を掲げてはためかせている。星条旗と日の丸である。これが現代アート風でなんとも「イカス」のだ。軍隊にはいかに格好よく見せるかを研究実践する「アート」班がいると確信した。風が途切れても、星条旗がたれて地面とこすれないように、米兵二人が旗を守っていた。日の丸にはそのような担当はついていなかった。

奥のほうには、嘉手納基地にあるはずのパトリオットミサイルの発射台が展示してあった。カマドゥーの仲間たちのほとんどは、そのミサイルの沖縄搬入を阻止しようと天願桟橋で徹夜の座り込みをしたことがある。私は「子育て中だから来るな」と言われた。米軍に突破されて、悔しい怒りの朝の涙のコーヒーを飲むときに呼ばれ、メンバーと合流したことを思いだした。

基地の中、滑走路の上で、まず最初に感じたのは、アメリカの田舎に来ているみたいだということだった。周囲になにもなくて、幅の広い高速道路が続く感じとか、移動遊園地が来ている祭りの様子が似ている。しかし、それと異なるのは、アメリカの老人がいない、土地でとれた農産物、畜産物の展示販売がない、その土地でヒッピーみたいに生きている不思議な風貌の人がいない、ということだった。
滑走路上を歩き、嘉数高台公園のタワーや沖縄国際大学五号館の六階中央階段の窓からよく見ていた場所に、私はいま立っているんだと思ったが、特になにかがこみ上げてくるわけでもなかった。不思議だったのは、展示されている軍用機への「親近感」だ。

「うれー、わったーF15イーグル（戦闘機）、わったーハリアー（AV8BハリアーII攻撃機）、わったーF18ホーネット（FA―18戦闘攻撃機）、わったーコブラ（AH―1コブラ攻撃ヘリコプター）」

見渡しながらそう感じている自分がいた。しかし、「わったーむん」、つまりそれが「私たちのもの」なら、本来その処分が自由なはずだ。それなのに、「飛ばせないで」といくらいっても実現されない。私たちに決定権はないのだ。それなのに「わったーむん」か。いや、だって、「私たちの空」を飛んでいるのだから、「わったーむん」ではないのか。私たちの上に墜ちて来さえするのに？　墜ちて来るから「わったーむん」か？　私は倒錯しているのではないか。

「あー、やばい、やばい、私、なんかおかしくなってきた」

私が言うと、仲間の一人も言った、

「早くウートートーしたい。私も変な気持ち。落ち着かない」

カマデーを探すと、強い西日の下、米軍消防隊のテントの半分に居座って、こちらに手を振っていた。沖国大にヘリが落ちたときに、出動していた消防車もある。この私たちに「縁がある」テントで追悼式と毛遊《もーあし》びをすることにした。

私たちは円になって座り、その真ん中に重箱、白餅を広げ、平御香と白紙を飾った。死者の追悼といっても特別なことではない。子どものころからやっている、手を合わせてウヤファーフジ、先祖を思うウートートーの儀式の応用だ。ちょうど、昼の終わりの白い月が東の空に浮かんでいたので、それに向かって祈った。戦争に命を奪われた無念さへの「肝苦《ちむぐり》さ」ぬ思いを伝え、この土地を戦争の道具から私たちの元へと取り戻す私たちの作業をどうか見守っていてほしい、と。

カマドゥーの一人がコンクリートの地面を両手でぎゅうと押して、「かえっておいで、かえっておいで」と言った。

その後、重箱、餅をウサンデーした。死者たちに食べ物を捧げると、次に死者のほうがそれを私たちに与え返してくれることになっており、それをありがたくいただくのである。

とてもおいしかった。特に餅が。他の人も「こんなにおいしいお餅は食べたことがない」と、みなぱくぱく食べた。

基地祭りの屋台からはバーベキューのいい匂いが流れていた。行列もできている。以前カリフォルニアの田舎の祭りで食べたスペアリブと同じ匂いだった。きっとおいしいにちがいない。私はかなり誘惑された。でも、基地のものは食べたくないと思った。守るべき最後の一線のように、それだけはしないぞと。だから、お腹がぺこぺこだったのだ。他のみんなもそうだったようだ。

ひと息つくと、カマデーの一人がサンシンを取り出した。「まだ、一曲しか弾けないんですけど」と謙遜しながら始めたのは、喜納昌吉の「ハイサイおじさん」だった。私たちは手をたたいて、一緒に歌った。カマドゥーの一人が三板《さんば》を叩きだした。

甲子園の応援歌でも有名な「ハイサイおじさん」は、軽快なテンポの、酒好きなおじさんをからかったような、カチャーシー用の楽しい歌と思われているかもしれない。しかし、その背景はそのイメージとまったく異なる。沖縄戦のあと、そのトラウマに苦しむ妻が子どもを殺めてしまったため、家族を失い、一人残った男が悲しみのなかで酒を飲みながら生き続ける、という実話がある。(註1) 喜納はそれを歌ったのだ。この曲はこの場にふさわしい気がした。

カマドゥーの一人が言った。

「十年前に一人で基地の中に入ったときは、途方にくれたけれど、今日はみんなと一緒だし、儀式もできたし、気持ちが全然ちがう。土地とつながれた」

米軍は私たちにいっさい干渉しなかった。日本人観光客らしい若い男が、興味深そうに、薄笑いを浮かべて、のぞきこんだり、周りを歩いたりしていた。

帰ろうと歩き出すと、私たちの前に、滑走路上になみいる米軍機の翼の下を、背中にNO OSPREY NO BASEと書いたお揃いのシャツで、並んで歩くカマデーたち（一人は片手にサンシン）の後ろ姿が見えた。チビラーサン、カッコ良かった。

車に乗って、私たちが入って来た第三ゲートに戻ろうとした。すると、米兵が立っていて、ここはダメ、第一ゲートへ回れ、と言う。第三ゲートと第一ゲートは広大な基地の反対側にある。私たちの帰るところは第三ゲートからが近いのだ。遠い第一ゲートからは出たくない。

「なんで？　私たちはここから入って来たんだよ。そこから出させてよ。入って来たところに戻らせて」

とわざわざ英語で言ってあげたのに、米兵は

「ダメダメ、第一ゲートへ行け」

と言うだけ。それで、運転手をつとめる私は第一ゲートへの周回道路へ戻らず、そのまま車を滑走路に乗り込ませ、そこをぐるぐる回ったり、ジグザグ運転、片手運転、両手離し運転をやった。対向車

もない広いところで、何にもぶつかりようがない。それに、そもそも基地内には日米地位協定で日本の法律は適用されないんでしょ。滑走路をまっすぐ走ってもみた。後ろに座った仲間が「三〇〇キロぐらい出せば、飛べるかな」といった。飛べたかもしれないが、私の車では三〇〇キロは出せないのであきらめた。

私は返還された読谷飛行場跡(註2)にいる気分になった。普天間基地の返還後のヴィジョンが実感、確信を伴って見えたのだ。

「よし、ここはかえって来るよ」

私は叫んだ。

(註1) 喜納昌吉/C・ダグラス・ラミス『反戦平和の手帖――あなたしかできない新しいこと』集英社新書、二〇〇六年、三八―四五頁。

(註2) 読谷補助飛行場は旧日本陸軍が建設した北飛行場を米軍が占領、接収、拡張したもので、面積は約一九一ヘクタール。読谷村のほぼ中央に位置し、楚辺通信所(米海軍の通信施設)と隣接している。長さ二〇〇〇メートル、幅四二メートル二本の滑走路をもつ。在沖米海兵隊司令部の管理の下に海兵隊や空軍、トリイ通信施設に駐留する陸軍特殊部隊グリーンベレーによるパラシュート降下訓練に用いられてきた。パラシュートでは装甲車や物資も投下するため、施設外の民家や農地に物資、兵員が落下する事故が多発。一九六五年、トレーラーが落下し小学生が圧死するという事件も発生している。そのため、地元住民の反対は強かった。一九九六年のSACO合意(沖縄に関する特別行動委員会)によって、パラシュート降下訓練の伊江島補助飛行場への移転、また楚辺通信所がキャンプ・ハンセン内への移設後に返還されることになり、二〇〇

六年に全面返還された。

参考、「読谷補助飛行場」、「沖縄情報センター」HPより（http://www.asahi-net.or.jp/~lk5k-oosm/base/hansen.html、二〇一四年六月四日、最終確認）。「SACO最終報告（仮訳）」（一九九六年一二月二日）、外務省HPより（http://www.mofa.go.jp/mofaj/area/usa/hosho/saco.html、二〇一四年六月四日、最終確認）。福田毅「沖縄米軍基地の変遷――SACO合意の実施状況を中心に」、『レファレンス』二〇〇三年十月号、国立国会図書館。「SACO最終報告の進捗状況」、防衛省HPより（http://www.mod.go.jp/j/approach/zaibeigun/okinawa/saco_final/sintyoku.html、二〇一四年六月四日、最終確認）。

オスプレイ腰

（沖縄からの報告34・二〇一二年十二月号）

（二〇一二年）十月一日、普天間基地に垂直離着陸輸送機MVオスプレイがやってきた。日米両政府は沖縄総体としての反対の意志を踏み潰して、強行配備したのだ。

それに対して沖縄社会は抵抗を続けているが、少し変化がある。非暴力であることは一貫しているが、直接的な働きかけを行なうようになった。たとえば九月末、普天間基地ゲート前に住民・市民が座り込み、沖縄の反基地闘争始まって以来初の全ゲート封鎖が実現した。また、オスプレイの飛ぶ空、基地上空に凧や風船を揚げ、この空は沖縄のものだとアピールしている。基地の金網に赤（オスプレイ反対県民大会のイメージカラー。反対、レッドカードを意味する。米兵もこの色の意味を知っている）や黒（基地の葬送を意味する）のリボンを結びつける。基地内に向けて、英語のメッセージボードや赤い旗をつけた竹さおを金網にくくりつける。赤いガムテープを金網に貼って大きなバッテンをつくる。そして、米兵に英語で直接話しかけ、英語のビラを渡す。車を基地ゲート前で超低速で運転し、米軍の進入を邪魔し、抗議の意志を伝える、などなど。さらに、状況をとらえるのに「植民地」や「差別」という言葉が用いられるのが当たり前になった。またもや米兵によるレイプ事件や中学生傷害事件なども起こり、「保守系」の政治家も含めて全基地閉鎖・撤去の声も出てきた。

　では、さて、このような歴史的事態にあたり、私は何をしたのだろうか。

　そう、私はそのころ、ぎっくり腰で「寝たきり」だったのである。ぎっくり腰になったのは九月後半、「カマドゥー小《ぐゎー》たちの集い」（以下「カマドゥー」と省略する）でオスプレイ配備阻止行動の準備のために集まり、椅子から立ち上がった瞬間だった。そのときはなんとか自ら車を運転し帰宅できた。そして玄関に一番近い畳の間に倒れこんでから、身動きのとれない日々が始まった。腰のどこかが痛いというのではなく、腰全体が粉々に砕けているかのようだった。鍼灸師に二日連続で自宅まで来てもらった。

　友人でもある鍼灸師は、これは「オスプレイ腰」であると断言した。すなわち、オスプレイの強行配備にショックを受け、心身ともに不調になっている。こういう人は沖縄じゅうにいるだろう、と。さらに、ぎっくり腰とは、本来いろんなことをごまかして動き回っている人に休養をとらせる身体からの最終的ＳＯＳであるから、心して休むべきである、と。

　それなのに、子どもたちは信じなかった。息子（小六）は「本当は大丈夫なんじゃないか」と言って私の身体を小突いて激痛を走らせ、私を絶叫させた。娘（小四）は「わざとらしい」と私の顔をのぞきこんで言った。

「アンマの声や表情は、私が学校に行きたくなくて『頭が痛い』というときにそっくりだ。私の仮病癖はやっぱりアンマからの遺伝だ。だからアンマも仮病だ」

「それは論理が転倒している」

と反論したが、娘はもう遠くに行っており、追いかけられずに悔しかった。

　また私は髪が長く、いつもは結い上げているのだが、下ろすとお尻ぐらいまで来る。倒れ落ちて以来、自然とほどけたその髪はどうなったか。すなわち、自分の身体で自分の髪を踏んでいるが体勢を変えられないので、頭が引っ張られて苦しいという状態だ。三日目、ようやく座れたとき、髪を結おうと両腕を上げようとしたが腰が痛んで上げられない。そこで、子どもたちにゴムでまとめてくれるように頼むと、互いに自分がやると主張して、両者が左右から私の髪の引っ張り合いを始めた（激痛ー涙）。私の育て方のどこかがきっと悪かったのだろう。結局、髪は放置して「伊江島《いいじま》ハンドゥー小《ぐゎー》」状態で過ごした。「伊江島《いいじま》ハンドゥー小《ぐゎー》」とは沖縄芝居の定番の一つで、恋人に捨てられた女性、ハンドゥー小《ぐゎー》が悲しみのあまり、自分の長い髪を松の木にかけ、それで首をつって死んでしまう。しかしその後幽霊となり、髪をたらした姿で伊江島にいる元恋人の夢枕に立ち、男の命を奪い復讐する話である。

　このような姿で痛みにうなる私に、普天間基地周辺からは仲間たちがかわるがわる電話をくれ、緊迫した状況を伝えてくれた。

　オスプレイ飛来当日、カマドゥーと「ウーマクカマデーの会」（以下「カマデー」と略す）は、阻止と抗議の意味で、風船と凧揚げをした。私は自宅ベッドの上で携帯メールを使って、岩国に前日から泊まりこんでいたピースボート共同代表の野平晋作さんにお願いして、午前五時から、岩国基地でのオスプレイの動きを教えてもらっていた。岩国離陸二時間後に普天間基地到着が見込まれるので、離陸がわかれば、その時々の風向きと警備状況に応じて、こちらでの準備ができる。他にも複数の友人が情報を回してくれ、それらをさらに回しあった。普天間基地周辺に行けなくても気になっている人、沖縄県内や東京や大阪や広島や福岡にいる友人たちにも逐一情報を流した。「誰々に何を持ってどこに来てと言って」とか「いまあれは誰が持っているか、確認して」とか「これからどこそこに移動するから、誰々にそこで何時に合流するように伝えて」などの連絡も受け持った。現地の風の中にはいられなかったが、一端には関わることができ、緊張した。オスプレイが舞い降りる様子はユーストリームで見た。

「琉球新報」は社説で、この配備やその後の訓練の強行を私たちに「どんな抵抗も無駄だと思わせ、無力感を抱かせるのが狙いだろう」と書いた（二〇一二年十月八日）。私はこれを「無力感攻撃」と呼ぶ。しかし、私たちは抵抗を続けている。

カマドゥーでは、米兵に共闘を呼びかけるビラもつくった。私が寝ながら書いたのが以下のもので、カマデーがレイアウトして印刷してくれた。カマデーも独自の米兵ビラを作成し、渡している。私たちはこれを「トモダチ作戦」と呼ぶ。

米海兵隊の兄弟姉妹たちへ

海兵隊へ入ったとき、たぶんあなたは世界で民主主義を広めたり、守ったりするのを手伝えると思ったでしょう。いままさに、沖縄における民主主義を考えるいい機会です。オスプレイの沖縄配備の決定に、私たち沖縄人は参加しているでしょうか。ここは私たちの島だし、その上の、オスプレイが飛ぶとされる空も私たちのものです。沖縄人を無視して配備を米日が決めるのは、はたして民主的なのでしょうか。もちろん、ちがいます。私たち沖縄人は可能なかぎりあらゆる平和的な方法で反対を表明してきました。九月九日、（人口一四〇万のうち）一〇万人がオスプレイ反対で集まりました。保守派の県知事も、県議会も、那覇と宜野湾の両保守派市長も、沖縄の他のすべての市町村も、地元の二つの新聞も、ＰＴＡでさえ、反対しています。これをすべて無視してむりやり配備することは、沖縄人を決して忘れられないやり方で侮辱するものでしょう。なぜ私たちは反対するのか。オスプレイが危険だからです。墜落しすぎです。あまりにも多くの米海兵隊員を殺してきました。オスプレイが悪名高き欠陥機だということはみんな知っています。未亡人製造機と名づけたのは私たちではありません。そう、オスプレイはときには航空機で、ときにはヘリコプターです。とても頭がいいですね。しかし、ときにはそのどちらでもありません。そのとき、それは空中の大きな金属の塊となり、ただ地面に落ちてくるしかないんです。ぜんぜん頭よくないですね。私たちの上に落ちてきてほしくありませんし、あなたがその中にいてほしくもありません。オスプレイの危険性について、あなた方はすべて知っているのではないですか。だからこの問題について、私たちはおそらく共闘することができるでしょう。あなた方に呼び掛けます。民主主義、私たちとあなたたちの尊厳、安全の名のもとに、オスプレイ反対に参加してください。オスプレイに乗らないで！　飛ばさないで！　そのための仕事をしないで！　そばに寄らないで！　ちゃんとそれを死の危険だと扱って！　海兵隊に入ったとき、あなたはおそらく、民主主義と人の命の尊厳のためになにかやりたいと思っていたはずです。いまがそのチャンスです。

あなたの沖縄の兄弟姉妹

米兵には直接話しかけることにもした。各ゲート前で座り込みをしている人がみんなで使えるように基本文例集をつくってみた。

No Osprey! We never give up.（オスプレイ反対。私たちはあきらめません）This is Okinawa.（ここは沖縄です）This is not Japan.（ここは日本ではありません）This is not US.（ここはアメリカ合衆国ではありません）Respect Okinawan democracy, please.（沖縄の民主主義を尊重してください）Respect Okinawan dignity, please.（沖縄の尊厳を尊重してください）Respect Okinawan human right, please.（沖縄の人権を尊重してください）This is Okinawan land.（ここは沖縄の土地です）This is Okinawan sky.（ここは沖縄の空です）Osprey is dangerous.（オスプレイは危険です）Osprey is dangerous to you, too.（オスプレイはあなた方にも危険です）Osprey kills Marines.（オスプレイは海兵隊員を殺します）We are worried about you, too.（私たちはあなた方のことも心配です）Don't get in it.（オスプレイに乗らないで）Don't fly it.（オスプレイを飛ばさないで）Don't service it.（オスプレイのための仕事をしないで）Don't go near it.（オスプレイに近づかないで）Refuse it.（オスプレイを断って）Oppose Osprey with us.（私たちと一緒にオスプレイに反対しましょう）USA is not just, You are not just.（アメリカ合衆国は正義ではない。あなた方は正義ではない）You are surrounded by our anger.（あなた方は私たちの怒りに囲まれている）Outrage.（怒）

普天間基地で“Hey, listen, Marines!”（ちょっと、お聞きなさいよ、海兵隊員さん）と呼びかけられて以上のようなことを言われた米兵は、大半は苦しそうな表情をして逃げていってしまう。それで、最近は沖縄人の警備を前に出して、米軍は後ろにいる。

これは沖縄人同士を戦わせようとするお決まりのやり方だ。九月三十日夜のゲート封鎖で県警によって住民・市民がごぼう抜きされたとき、カマドゥーの仲間が言っていたのは、警察と向き合うのも疲れるけれど、もっとも精神的にしんどいのは、沖縄人警察官や機動隊員に向かって日本人《やまとぅんちゅ》が激しい怒りの悪態の言葉を吐いているのを聞かされることなのだった。

なのでカマドゥーでは、このような「分断統治」にやられないように、警察、警備の沖縄人たちに向かっては次のように琉球語シマクトゥバ（たとえば、ここでは糸満言葉）で話しかけている。

「基地や守《まむ》らんどー。沖縄人守《うちなーんちゅまむ》てぃきみそーりよー（基地を守らないで。沖縄人を守ってくださいよ）」

「いったーがうんねーるしーよーやー、米兵んかい、沖縄《うちなー》うてぃ守《まむ》らっとーん、何《ぬ》ーんさってぃん許さっとーん、沖縄人《うちなーんちゅ》たっくるちんしむんでぃるメッセージ送《うく》とーんどー（君たちがこんなふうにするとね、米兵に、沖縄では守られている、何をやっても許される、沖縄人を傷つけてもいい、というメッセージを送っていることになるんだよ）」

「いったーがうまんかい居《い》しぇー仕事やらやー。やれーうまんかい立っちょーけー。何《ぬ》ーんあびらんけー（君たちがここにいるのは、仕事なんでしょう。仕事なら、ここに立っていなさい。でも何も言うなよ）」

「うっぴぐれー抗議っちんならんどぅするい？　アミリカーんかい何《ぬ》ーん言っちんならんどぅするい？（このくらい抗議してもダメなの。米軍に何も言ってはいけないというの？）」

「わったーが沖縄人守《うちなーんちゅまむ》いさ。いったーんわったーが守《まむ》いんどー（私たちが沖縄人を守るよ。私たちが君たちも守るよ）」

「いったー童《わらび》んちゃーんわったーが守《まむ》いさ（君たちの子どもたちも私たちが守るよ）」

これに対して、抗議参加者のなかから「いまの沖縄の若い人には方言、わからないよ」とはき捨てるように言った日本人《やまとぅんちゅ》がいたそうだ。それでも、このように呼びかけ続けていると、若い機動隊員で顔が真っ赤になって泣き出しそうになった人もいたという。

オスプレイ配備から一ヶ月余がたった。十一月十日、朝の新聞に普天間基地周辺での凧・風船揚げに対して、日本政府が「航空危険行為処罰法」に違反する可能性があるとの答弁書を閣議決定したという記事が載った。同法は国際的テロ行為の取り締まりを趣旨とするものだ。その日は土曜日で、カマドゥー&カマデーの「沖縄人の命のためのフェンス行動」の定例日だった。ぎっくり腰ショックから回復中の私も久しぶりに参加した。

秋の陽光の下、普天間基地の隣の公園で久しぶりに仲間たちの顔を見、空に舞い上がる凧も見た（進入路上空に上がったら、オスプレイが飛ばなくなった）。しばらく芝生に寝転んで（腰を守るため）、空を見上げ、大地を感じて過ごした。

與儀秀武

海岸線の思考

（沖縄からの報告26・二〇一二年四月号）

1

琉球諸島は、沖縄県内だけでも大小計一六〇の島々で構成され、各島が互いにゆるやかに隣接しながら、広がりをもった一定の圏域を形成している。沖縄語で言う「シマ」の呼称は、単に「島嶼」を指すだけでなく、最小限の「村落」の意味をもっており、自然史的な条件で他地域と隔てられた「島＝シマ」は、これまでもひとつの自律した生活圏として捉えられてきた。

しかし、その島々のあり方は、今日大きな変化にさらされているように思える。競争原理や効率化を最優先する新自由主義の潮流のなか、人口減少や深刻な過疎化の進行に伴い、広がる地方と中央の格差。沖縄においても、集落や共同体に本来的に備わっていた持続可能な自治機能の衰退に伴い、国家の島嶼防衛、自衛隊の先島配備の意図と軌を一にして、「自衛隊誘致で島の活性化を」という発想や実際的な動きが各島々で生まれている。疲弊する島の現状を前に「背に腹は替えられない」という立場から、島の存続を模索する島民の危機感は切実なものだ。しかし私たちはだからといって、基地負担の見返りに各種交付金や振興策に依存しようとする立場を、やむを得ない立場として納得するべきなのだろうか？

以降の本文では、沖縄のある島の姿を撮った映像作品を読み解きながら、沖縄を取り巻く現状と新たな社会認識の可能性について検討する。

2

沖縄をフィールドに、常に問題提起的な写真や映像作品を発表し続けている人物に、読谷村生まれの写真家である比嘉豊光（一九五〇〜）がいる。比嘉は、琉球大学美術工芸科在学中から現在に至るまで、作品集の発刊や個展、グループ展での作品発表を活発に行ない、沖縄の復帰前後の激しい政治闘争や沖縄戦の遺骨の様子、失われつつある琉球弧の祭祀などを撮り続けてきた。近年においてもその活動は精力的であり、写真展「わったー『島クトゥバで語る戦世』――684――」（二〇〇七年）や、那覇市真嘉比などで発掘された沖縄戦時の遺骨を写真、ビデオで公開した「骨からの戦世」（二〇一〇年）など、沖縄の現状を捉え返すような作風は、国家の強権に翻弄され、近代化による急激な変化を被り続けてきた沖縄社会の現状に対する強い危機感を反映している。

ビデオ映像作品「大神《ウカン》フッの風景」（二〇一一年）は、一九九七年から二〇一一年の間、比嘉が沖縄本島から南西方向に約三〇〇キロ離れた宮古諸島のさらに離れ島である大神島に通いながら撮りためた映像をまとめた最新作である。大神島は、宮古本島の北側約四キロに位置する面積〇・二四キロ平方メートル、人口三三人（二〇一二年二月末日現在）の小さな離島であり、沖縄のなかでもとりわけ人口減少の著しい島のひとつである。同作品で撮影されているのは、同島で暮らす人々の普段の様子、何気ない生活の姿だ。玄関先であいさつをする老人や、通り過ぎていく子どもたち、商店の店先で談笑する近所の住人など、島で生きる人々の等身大の日常が、ナレーションもBGMも効果音も施されることなく、約九〇分間にわたって捉えられている。映像のなかには、島人総出で催される敬老の日や小中学校の運動会、卒業式など、島の一大行事とも言えるイベントも撮影されてはいるが、その様子は劇的効果を盛り上げるためではなく、あくまで同島の普段の生活空間の一場面として提示される。

　商業映画で描かれるようなドラマチックな叙述とは対照的に、静かな島の日常空間に向けられたカメラによって、観客の眼差しは敏感に被写体を眼差し、対象物を捉える。なかでも作品中でまず印象的に感受されるのは、大神島の人々の間で交わされる島言葉（大神口《ウカンフツ》）を話す、人々の生き生きとした姿である。字幕や翻訳・解説もなく、ひたすら人々の間で饒舌に語られる大神口（「〜口《フツ》」は宮古島の言葉で「〜地域の言語」の意味）は、近所の知り合い同士の雑談や親族間での会話、一人語りを続ける人物など、多様なスタイルで捉えられ、それを語る島の人々の「顔」「表情」と共に映像化されている。

　声量の大小、声色の多様さ、変化に富む抑揚、リズミカルな口述。交錯する会話は、逡巡し、相づちを打たれ、中断され、重複し、繰り返されながら躍動感を帯びる。このような「語り」「声」の濃密で複雑な空間が、ポリフォニー的世界を形成している。同作品において立ち上がる生き生きとした「声」「語り」の世界は、翻訳・通訳によって「日本語」の意味内容に還元されることを最後まで拒みながら、過剰な饒舌さによって際立ちを見せ、独特の官能的ともいえる美しさ、強靱さ、迫力を帯びて見る者に迫ってくる。

　そしてそのような島言葉の生命感と強い対照を成しているのは、ラストシーンで映し出される「大神小中学校」の校舎が取り壊されるシーンである。作品内でも島内でのさまざまな行事が行なわれた舞台として登場した校舎が、重機による解体作業によって瓦礫化し、廃墟となる姿や即物的な解体のノイズは、ちょうど大神口による生き生きとした多声的な世界と、著しいコントラストを成している。このように、島の拠点施設の解体を見据え、人口減少と高齢化によって衰退する島の現状に対する危機感を滲ませながら、同作品は終了する。

3

同作品で比嘉が大神島を対象にして、その日常を撮り続け、作品化できたということは、ある意味で驚きだといえる。同島は、沖縄の島＝シマがかつてそうであったように島全体がひとつの聖域とでも言えるような、共同体の自律的な強い靭帯をもっており、隣接する宮古島をはじめとする外部からも、容易にアクセスできないような自己完結性をもった地域とされているからだ。しかし、ここで興味深い点は、比嘉がこの作品を、島に長年通い詰めることで対象の懐に入り込み、これまで秘匿されていた人々の日常の姿を撮ることができたこと、他の映像作品とは異なった「親密さ」を獲得できたこと、に拠るのではない。そのような「親密さの演出」は、ナイーヴな学者でも、ジャーナリストでも、観光客でも、一定の労力を費やせば、なし得ることである。

むしろ、ここで注目すべきなのは、そのような親密さとは逆に、一定に保たれている島と撮影者との「距離」である。比嘉は大神島に住み込むのではなく、出生地の読谷村から足繁く同島に行き来し、通いながらこの作品を撮った。そのような撮影者のポジションから生じる距離は、長年通い詰めることで無化されるものではなく、むしろ通い続けて対象に真摯に向き合うほど、明確になる同島での「他者性」を強く反映したものだ。注意深く眼差し、限りなく近づいてはいくが、決して撮影対象と同一にはならないような漸近化。そのように保たれた距離は、撮影対象と「仲良くなった」ことを誇る楽天的なスタンスとは異なり、きわめて倫理的な態度として維持される。

この過程で重要なことは、その他者性を通して見出された島の姿である。大神島の人間でないことによって、あるいは、大神島の人間でないという姿勢を明確にしていたことによって、比嘉はこの作品を撮ることができたと言いうる。興味深いのは、ここで大神島は、沖縄の共同体の原郷のように意識されながらも、同時にまるで初めて訪れた「異郷」のようにも見出されており、島の日常風景が、新鮮で潑剌とした多声的世界として再定義され、映像化されているという点である。繰り返すが、それは比嘉が同島の人間としてではなく、「他者」としての距離を明確に保持していたという姿勢によるのである。

なによりこの作品のなかに、そのような比嘉の立ち位置を如実に象徴するようなきわめて特徴的な被写体が、何度も繰り返し写し込まれている。執拗に作品中でカメラを向けられ、何度も観客がそれを目にする撮影対象。それは島の内外を分かつ境界＝海岸線である。時には船から遠ざかりながら、あるいは逆に船から近づきながら写される港の防波堤。運動会の様子を俯瞰で撮った遠景に広がる島の輪郭と向かいの宮古本島の島影。浅瀬で海の幸を探し歩く人々の周囲に広がるごつごつとした岩肌。親族と思われる人々が飲食しながら談笑している背後に打ち寄せるリーフの波間。「海岸線の映画」と呼びうるほど、この作品には海と隔てられた島の輪郭＝海岸線が繰り返し、執拗に写し出されている。

海岸線は、島を島として特徴づける基本的な自然的条件であると同時に、トポロジカルで多義的な可能性の広がりを喚起する対象でもある。周知のように海岸線は、ユークリッド幾何学的な単純な輪郭をもつ図形としては考えられないようなきわめて複雑な特徴をもっている。例えば、しばしば地図上などで私たちが目にするように、巨視的な粗いスケールで見た場合、海岸線はごく単純なラインのように見えている。しかし、そのようなシンプルな線も、微視的な細かいスケールに接近した場合、波打ち際で複雑な岩や石や砂の各部分までラインのあり方を捉えようとすると、その凹凸は膨大に長くなり、ほとんど無限大に発散していく。そのように考えると、例えばフラクタル図形のコッホ曲線は、海岸線のような無限に細かい凹凸を繰り返し生じさせる操作によって、単純な線ではなく、一次元より上だが二次元よりは下であるという、中間的な非整数次元を出現させる。海岸線がもっているこのような中間領域の特徴、線とも面ともつかない新たなグレーゾーンの立ち現われは、はたして何の謂いなのか。

同作品において幾度も浮かび上がる海岸線の特徴はなにより、島の境界線上を往復し、内外を分かつその両義的な線上で「大神フツの風景」を眼差している比嘉の立ち位置と、強い共振性をもっているように思われる。比嘉は沖縄の島＝シマの原郷とも言いうるような共同体の靭帯を意識し、大神島の生活空間を長年にわたって眼差し続けた。しかし、そのようにして見出されたのは、ほとんど異郷のように浮かび上がった島の姿だった。シマ＝島の「内側」でも「外側」でもなく、その「内外」を分割する境界＝海岸線上でこの映像を撮り、作品化した比嘉が、他者としての倫理的な一定の距離を保つなかで、島を眼差し、獲得された新たな世界像。このような道行きは、敷衍すれば今日の沖縄の島々の現状を考えるうえでも、重要な示唆を与えるもののように感じられる。

4

前述したように、ひとつの自律した生活圏として存在していた沖縄の「島＝シマ」のあり方は、今日大きな変化にさらされているように見える。新自由主義の潮流のなか、人口減少や深刻な過疎化の進行に伴い、国家の暴力と調和的に関係を結ぼうとする動きは、島々の衰退のプロセスのなかで進行している。そして大神島も危機に瀕した沖縄の島々のなかにあって、崩壊のプロセスにさらされているひとつの典型的な島である。

しかし、そのようなプロセスのなかで比嘉の作品が喚起するのは、近代国民国家の枠組みを再強化するための下部組織として、共同体を国家内に調和的に位置づけ直すのではなく、そのシマの衰退過程に居直るのでもない形で、「シマ＝島」の新たな可能性を模索しようとする積極的な姿勢である。この作品において比嘉は、沖縄のひとつの島に通いながら、その崩壊過程を直視し、現状に対する危機意識と、その島を新たな可能性をもつ空間へと読み替える可能性を、同時に示している。この作品から読み取ることができるのは、崩壊の危機にある共同体＝シマ社会を、新たな可能性をもつ場所として、あらためて再発見する可能性を私たちに促す視点なのである。

しかし、ここまでの考察を踏まえたとき、あらためて「沖縄」とはどのような対象でありうるのだろうか。「日米安保の要石」や「島嶼防衛の空白地帯」。「青い海と青い空」や「癒しの島」。国家と資本の視線に映る、そのような常套句の範囲内で理解され、納得される場所が、はたして「沖縄」なのか。「大神島」がひとつの原郷＝異郷だとすれば、私たちがそこに生きるべき「沖縄」も、同時にまた原郷＝異郷として見出されるべき空間なのではないのか。だとすれば、私たちは沖縄が置かれた危機的状況に安住すべきではない。各島々の新たな可能性を模索しながら、自律的世界の潜勢力を鍛え直すこと。島＝シマから新たな社会認識を見据えることの重要性を、同作品は私たちに示唆している。

（沖縄からの報告29・二〇一二年七月号）

エリアの構想力

1

東京都の石原慎太郎知事（当時）が、沖縄県石垣市の行政区に属する尖閣諸島を購入し「尖閣を守る」意向を表明したことで、日本国内でも国境、領土を守るとするナショナルな意識が高揚している。この動向と連動し、石垣市議会では四月の臨時会で、「国による尖閣諸島購入を求める意見書」案を賛成多数で可決。同市の中山義隆市長も都側に共同購入を提案した（のちに都側は拒否）。しかし、このような動きのなかで、結果として東アジアで周辺地域の緊張が極端に高まることになれば、最も甚大な実害を被るのは沖縄である。現在、沖縄の立場から求められているのは、尖閣諸島を都や国が購入し、排他的な日本の領土、領海を確定的に厳密化することなのだろうか。本稿では、東アジア地域の国境についての歴史的経緯や近隣他地域における領土、領海をめぐる見解を踏まえながら、沖縄の歴史認識から見た尖閣諸島のあり方について検討する。

2

沖縄から見た尖閣諸島の位置づけを考える際にまず参照したいのは、近世琉球から近代沖縄に至るプロセスである。歴史的歩みを検討するため、ここでは少し迂回して、近世琉球から近代沖縄へ至る過程を簡単に振り返りたい。

十五〜十六世紀、沖縄は「琉球王国」として、自立した王権国家を築いていた。周囲を海に囲まれアジア諸国に開かれた地理的条件を生かし、国際的な対外貿易によって中継地として繁栄した琉球は、各地からさまざまな人々や文物が往来するなかで、経済的に発展し、独自の王国文化を形成する。当時の東アジアは、明国（現在の中国）を中心とした冊封体制（宗主国である中国の皇帝に対して周辺諸国が臣下の礼をとり、その地域秩序を基盤に進貢貿易などを行なう国際体制）によって維持されており、琉球も中国皇帝の権威を背景として、広大な東アジアを舞台とした対外交易によって発展したのである。

中国と日本という二つの大国の支配を受けながらも、独立国として存続していた琉球王国。その存在の背景には東アジアの冊封体制という国際秩序があり、宗主国と附庸国のゆるやかで広域的なゾーンニングが、琉球の存在を裏づけていた。しかし、近代沖縄においてはその様相は一変した。幕藩体制下の異国として二つの大国との関係を保ちながら独立国としての体面を維持していた琉球は、十九世紀後半、近代化を急ぐ明治政府によりあらためて日本国家の内部に併合される。それまでの清国（薩摩侵攻時の「明国」は滅亡、一六六一年の清朝成立により冊封体制の宗主国も清国に移行した）

を宗主国とする琉球王国を解体し、名実ともに日本の領土内の一地方に位置づけることを意図した明治政府は、一八七五年、松田道之を処分官として琉球に派遣し、これまでの清国との関係を断ち、明治元号を使用すること、法律や政治制度を日本の府県制度に倣いあらためること、などの命令を言い渡した。

こうして琉球の土地や人民は明治政府に引き渡され、強行的に日本の一県に位置づけられた。以降、近代沖縄においては、自らの存在を排他的なラインで定める国民国家のフレームによって、その所属が確定的に決められ、中央集権的な制度や価値観が強要される。近代国民国家の線引きによって強いられるのは、フレームの内と外を分かつ排除と選別であり、権力の中心化である。近世琉球と近代沖縄の双方を同時に見据えることによって明らかになる対照性は、一義的な価値の中心化を要請する近代国民国家の強固な性格を特徴づける。

重要だと思うのは、このように近世琉球から近代沖縄に移行する過程で、社会の特徴が対照的なものに変化したという点である。近代以前の東アジアにおいては冊封体制という独自の国際秩序が存在しており、琉球王国はゆるやかな宗主国と附庸国の広域的なゾーンニングの中にありながら、一定の自立性を確保できるようなポジションに置かれていた。だが、その関係が近代以降、強制的に廃されてからは、自らの存在を排他的なラインで定める国民国家のフレームによって、その所属が確定的に決められ、中央集権的な制度や価値観が強要される。以上のことは、尖閣をめぐる排他的な権益を主張する価値観が、近代国民国家の覇権と共にこの百数十年の間に成り立った、歴史的限定性をもつものであることを気づかせる。

3

今日の国境のあり方を検証するうえで示唆的な事例は、歴史を遡行するだけでなく、同時代的にも見出すことができる。二〇一〇年十一月、沖縄や日本、中国、台湾、韓国など、東アジア各地域の文化雑誌の編集者や研究者が集い、政治課題や社会問題について考える国際会議「第3回東アジア批判的雑誌会議」が、台湾と中国の間にある金門島で行なわれ、参加者が沖縄戦後史や朝鮮半島の分断体制、尖閣問題などの諸問題について多角的に議論した。事前に台北市内で沖縄戦後史についてのセミナー、シンポジウムも含めて筆者も同会議に参加する機会があったが、そのなかでいくつかの興味深い指摘があった。

同会議でたびたび問題になったのは、開催直前の二〇一〇年十一月二十三日に発生した、北朝鮮による韓国・延坪島《ヨンピョンド》への砲撃事件だった。同事件は、韓国が黄海上の軍事境界線と位置づけている北方限界線（NLL）付近にある延坪島に向け、北朝鮮の朝鮮人民軍が陸上から砲撃したもので、韓国軍もこれに応戦したため砲撃戦となり、延坪島では家屋など多数が炎上。韓国軍兵士二人が死亡するなど、民間人も含め多数の負傷者が出た。北朝鮮軍の砲撃を受けた韓国・延坪島の海域（北方限界線付近）は、過去にも韓国哨戒艦の沈没や南北艦艇による銃撃戦が起きていることから、「海の火薬庫」とも称される場所である。

同事件であらためて問題化した朝鮮半島の危機的な分断体制に関連して、会議では各論者が意見交換したが、そのなかでも、韓国の李南周氏の報告が参加者の注目を集めた。李氏は冷戦下の金門島での軍事対立が朝鮮半島の分断と類似するとして、北朝鮮による延坪島砲撃について説明した。そして、朝鮮戦争の停戦協定で、陸上では南北が停戦ラインの合意をしたが、海上ではそれを確認しなかった結果、「海域の境界を北寄りのNLLと主張する国連軍（韓国）に対し、北は南寄りの沖合（海上軍事境界線）を要求し、正式合意のない海上不可侵ライン間で、延坪島を含む領域の所属を巡りこれまで繰り返し衝突が生じている」と述べた。

そのうえで、その危機的状況を回避するための重要な契機として、二〇〇七年十月四日、当時の韓国の盧武鉉《ノムヒョン》大統領と北朝鮮の金正日《キムジョンイル》総書記が「南北関係発展と平和繁栄のための宣言」に署名し、黄海に平和協力特別地帯を設定することで、共通の漁業区域として経済協力を模索していたこと、しかし〇八年以降、北との融和政策を掲げた盧武鉉政権に替わり、李明博《イミョンバク》大統領（当時）が共同繁栄宣言や黄海の平和協力に否定的な強行姿勢を示す過程で、北も姿勢を硬化させ、哨戒艦沈没や延坪島砲撃の問題が生じていると説明。「私の考えでは（南北の対立のなかで）黄海のどこに線を引くかが問題ではないのではないか。東アジアと連動する朝鮮半島の問題を考えるうえで、国境や空間をとらえるさい、線ではなくエリアの重要性が問われている」と強調し、排他的な国境を厳密化することが国益にかなうとする考えを、実際の事例に則しながら相対化した。

同会議ではこのような指摘と反響しあうように、近代国民国家の枠組みのあり方を根本的に問い直すような意見がさまざまな形で提出された。金門大学では、沖縄大学名誉教授の新崎盛暉氏が「東アジアにおける沖縄の役割」と題し基調講演を行なった。そのなかで、新崎氏は、「国境交流推進共同宣言」など、台湾と八重山・先島との交流の例を挙げ「辺境は、国境を超える民衆交流の場として絶好の位置を占めるが、同時に国家権力の利害関係が対立し、観念的、挑発的な国家主義者の言説が利用しやすい場でもある」と、その両義性を説明。そのうえで「領土や国境という概念の厳密化は、近代国家成立過程において始まる。だが、国家間の力関係や国際法よりも、そこの住民が自己決定権あるいはその近隣住民の生活圏にいかなる意味を見出してきたかを前提にして領土は決められるべきではないか」と強調し、朝鮮半島をはじめとする東アジア各地の課題が、沖縄の基地問題や冷戦後の国家の枠組みと連動していることを提示した。

4

これまで通時的、共時的に、沖縄をめぐる国境や領土、領海についての考え方をフォローした。以上の検討を踏まえ、尖閣諸島の今日的な位置づけについて、あらためて考えてみたい。これまでの内容を踏まえてここで強調したいのは、沖縄から見た場合の尖閣諸島が、国家間関係の枠組みのなかで、どの国の領土に属するかという問題としてではなく、近世から近代へと至る自分たちの社会の歴史認識と相関的に連動するような特異点として存在している、ということである。

先に見たように、近世の琉球王国は、中国と日本という大国の狭間で、両国に「両属」し「二重朝貢」するゆるやかな関係を保ちながら独立国としての体面を維持してきた。しかし近代以降は、領土を明確化する国民国家の枠組みによって、その帰属が排他的に確定された。そして、沖縄の立場がこのように国家間関係の枠組みのなかで大きく揺れ動いたのは、琉球処分後だけではない。日本という近代国民国家に所属した結果としてもたらされた沖縄戦のあと、沖縄は日本と分離されたうえで米軍に占領され、二十七年の統治期間を経たのち、七二年五月十五日にふたたび日本の一地域になった。

戦後、沖縄は、苛烈な米軍統治を経て「平和憲法」のもとへ戻るという期待をもとに「基地の全面撤去」を求めて日本への「復帰」を志向した。しかし、日米両政府は基地負担を沖縄に押しつけたまま「施政権返還」を強行。その結果として、今日まで軍事基地から派生する構造的な暴力は、沖縄に住む人々の日常を脅かし続けている。

このように沖縄を取り巻く歴史過程を読み解いていくと、今日まで沖縄のあり方を方向づけている近代国民国家の強固な枠組みとその覇権を巡るさまざまな力関係が浮かび上がってくる。そしてこの認識こそが、沖縄から尖閣を考える場合、近代国民国家のあり方を逆立して問い直すための示唆を与えるものであるもののように思う。

極端に言えば、沖縄の歴史的歩みから尖閣を考えるとき重要なポイントは、尖閣諸島がどの国家に属すべきなのかという「領土問題」の次元にはない。逆である。本質的な論点は、領土なるものを問題化し、それを確定的に厳密化しようとする近代国民国家の認識枠組みが、この一〇〇年余りの歴史過程で成り立ったこと、そして、尖閣諸島を自国の領土であるとして合理化、正当化しようとする近代国民国家の駆け引きや覇権争いこそが、近世から近代に至るこれまでの沖縄の歴史的歩みを翻弄してきた根本的な要因に他ならない、ということである。

尖閣諸島をめぐる近代国民国家の覇権のせめぎあいを眺めるとき、互いが最大の利益を求めた結果、最終的に互いが最も非効率、非生産的な結果に至るという「囚人のジレンマ」的な状況を思い起こさせる。延坪島砲撃事件を例示するまでもなく、尖閣諸島をめぐって排他的な各国間の領土、領海を確定的に厳密化することで、東アジア地域の緊張が高まれば、最も甚大な実害を被るのは過重な基地負担が集中する沖縄であることは、火を見るより明らかである。近代国家による対外的な敵対意識と、沖縄の歴史認識とはずれがある。現在、沖縄の立場から本当に求められているのは、ファナティックに自国の権益を主張する見解を相対化し、沖縄が国家間関係の狭間で翻弄されてきた歴史認識をあらためて検証することである。その際に東アジアを国境線がせめぎ合う緊張の場としてではなく、どのような「エリア」として構想できるかが真に問われている課題である。

(沖縄からの報告32・二〇一二年十月号)

沖縄文化の潜勢力

1

沖縄県宜野湾市の米軍普天間飛行場を拠点に訓練していた大型ヘリが、二〇〇四年に隣接する沖縄国際大学に墜落炎上してから、今年(二〇一二年)の八月十三日で満八年を迎えた。その節目の日に、同飛行場周辺で、市民団体などが抗議の意思を込め、色とりどりの風船を揚げたことが県内の各メディアで報道された。市街地で風船を揚げるというごく単純な行為だが、その試みが注目を集めるのは、米軍や沖縄防衛局などの関係機関が「危険」としてこれまで再三にわたり中止を要請しているからである。しかし、米軍基地には航空法が適用されないため、掲揚物などの高さ規制はなく、法的な問題はない。そのエピソードを聞き、現在の沖縄で新たに文化(技術=芸術)を再創造すること、その潜勢力を鍛え直すことが、重要な課題であるとあらためて気づかされた。本稿では、近年の沖縄文化のあり方を概観したうえで、今日の沖縄で行なわれた風船掲揚という行為がもつ意味について考える。

2

沖縄という固有名にともなって思い起こされる文化イメージはどのようなものだろうか。それはおおよそ、青い海や青い空、琉球舞踊やきらびやかな琉装、シーサーや赤瓦の屋根など、観光ガイドブックに掲載されているようなエキゾチックな文物を指している。

このように沖縄文化のイメージが消費社会のひとつのモードとして定着してからすでに久しいが、その経緯をあらためて振り返ってみると、その淵源は一九八〇年代以降の沖縄の社会状況に認められる。同時期は、「政治の季節」とも呼ばれる一九七三年前後の沖縄の日本への復帰をめぐる社会的高揚期を経て、大規模な公共投資によって沖縄の社会基盤が整備され、バブル経済の時流にともなって莫大な本土資本が流入した時期と一致している。同時期には、沖縄語と日本語を交えた「ウチナー大和口」を多用したコミカルな演劇スタイルで注目を集めた笑築過激団の旗揚げ（一九八三年）や、三線や島太鼓などの沖縄楽器と現代楽器とを融合した沖縄ポップス「りんけんバンド」のデビュー（一九八七年）、沖縄の文化事象を事典形式にして紹介したコラム集『おきなわキーワードコラムブック』の発刊（一九八九年）など、とりわけ当時二十〜三十代の沖縄の若手世代による、従来の沖縄イメージを刷新するような情報発信が注目を集め、沖縄文化の商業化が進行した。同時にそれは、一九七〇年代の重厚な政治の時代を潜り抜けた先行世代に、圧倒的なインパクトをもたらし、それにともない沖縄の社会状況も「政治」から「文化」へと文脈がシフトしたとされ、さまざまな形で取りざたされた。

その流れは一九九〇年代以降も、安室奈美恵ら多くの歌手やタレントを輩出した沖縄アクターズスクールへの注目などで継続したが、最も象徴的な帰結となったのが二〇〇〇年に開催された沖縄サミットだった。同サミットでは、当時のクリントン米国大統領が糸満市の沖縄戦での戦没者名を刻印した「平和の礎」で演説し、沖縄がアジア・太平洋地域の平和と繁栄に「死活的に重要な役割を果たしてきた」と感謝の意を表したうえで、同礎が位置する青い海と空を背景にして、沖縄の米軍基地のプレゼンスの重要性を内外にアピールした。また、各国首脳が揃った首里城での晩餐会では、各国メディアの注目を集めるなかで、荘厳な首里城を背景に、琉球舞踊、沖縄音楽などの文化的要素がきらびやかな見せ物として持ち出され、饗応の具として利用された。

このように考えると、沖縄の文化は、自国の文化多様性の演出と消費社会の文化イメージの流通の過程で、国家と資本の内部に調和的に位置づけられ、適合的にコントロールされる愛玩具となった感がある。しかし、変わらない過重な基地負担や、あいつぐ墜落事故を起こしている米軍の新型輸送機MV22オスプレイの普天間配備など、沖縄の直面する厳しい現状を考え直したとき、沖縄文化は単に珍しい見せ物として持ち出され流通＝消費されるものではなく、より問題提起的な力をもった異物としてあるべきではないか、という思いにかられる。

そのポイントを考えるうえで示唆的だと感じられるのは、ドイツの思想家、ヴァルター・ベンヤミンが「複製技術時代の芸術作品」で述べた大衆文化についての分析である。同書でベンヤミンは、ファシズムの台頭にともなって大衆文化のなかで機能している映画や写真などの複製芸術の役割を分析し、文化＝芸術が政治的に活用されるメカニズムを「政治の美学化」と呼んで、検討を加えた。そして、ファシズムによる政治の美学化が、大衆を巧妙に組織化することを見据えながら、「政治を耽美主義化しようとするあらゆる努力は、ある一点において極まる。この一点とは戦争である」と指摘したうえで、「このファシズムに対してコミュニズムは、芸術の政治化をもって答える」との警句で論考を締めくくっている（『ベンヤミン・コレクション1　近代の意味』筑摩書房、所収、久保哲司訳）。このベンヤミンの視点は、今日の沖縄において特に重要な意味をもって響いてくるように感じられる。

ベンヤミンの同論考末尾の指摘に倣って言うならば、沖縄文化をめぐる現状と課題は、おおよそ次のように指摘できるだろう。すなわち「沖縄の自己疎外の進行は、沖縄が自分自身の全滅を第一級の美的享楽として体験するほどになっている。これが、国家と資本が進めている『政治の耽美主義化』の実情である。これに対して、新たな社会認識の可能性は、『文化＝芸術の政治化』で開かれるのだ」、と。

3

以上をふまえて、現在の沖縄文化の有り様を考えるさいに重要だと思えるのが、冒頭で述べた米軍普天間基地周辺での風船掲揚である。この行為は、市街地の中心に位置する同飛行場のなし崩し的な固定化が進むなか、MV22オスプレイ配備が地元の民意を無視して強行されようとする現状で、市民ら数十人が抗議の意味を込めて色とりどりの風船を掲げ、飛行の自粛を促すものである。これまでの報道などによると、この行為のヒントとなったのは、同基地周辺である人物が子どもと凧揚げをした際、凧を何の意図もなくどんどん高く揚げたところ、米軍ヘリが凧を避けるように通過したというエピソードによって、基地周辺で凧揚げなどの行為が特に規制の対象になっていない、ということがわかったことだったとされる。

風船掲揚は二〇一一年四月からたびたび行なわれており、糸で結んだ大小数十個の風船を凧揚げの要領で上空に掲げ、最大で高さ四〇〜五〇メートルまで糸を延ばす。過去の行動では沖縄に昔から伝わる「サングヮー」と呼ばれるススキなどを結んだ魔除けが付けられたこともある。新聞報道が伝える参加者の声によると、同基地を利用する米軍機が実際に風船を避けるように飛行する様子も見られたという。

この行為に対して、これまでに米軍や、米軍の通報を受けた沖縄防衛局などの関係機関は「危険なのでやめてほしい」と、市民側に再三中止を求めている。しかし、前述したように米軍基地には航空法やこれに基づく省令（航空法施行規則）などが適用されないため、周辺での風船や凧上げなどの掲揚物の高さ規制はない。もとより、民間地で一般人が風船を揚げてはいけない法的な根拠はもちろんない。むしろ逆に、あらためて考えてみると、安全保障に関する法体系は、日米地位協定などの不平等な取り決めをはじめとして、米軍側に圧倒的な便宜が図られている。あるいは法的便宜どころか、普天間飛行場に隣接する沖縄国際大学に米軍ヘリが墜落したさいの対応でも明らかなように、日本の民間地での事故に対して、米軍側が日本の消防や警察、行政組織を立ち入り禁止にしたうえで事故処理にあたるなど、超法規的な行動をとっても、日本政府はこれを容認している。このような日米両政府が強いる圧倒的に理不尽で不平等な現状に対して、ささやかだが、しかし毅然と市民が抗議の意思を示すのが同基地周辺での風船掲揚である。

だが、この行為に対して、北沢俊美防衛大臣（当時）は、二〇一一年四月二十一日の衆院外交防衛委員会で、普天間飛行場の返還合意から十五年にあたる同年四月十二日、飛行場周辺で市民団体が風船を用いて抗議したことについて「航空機が発着するなかで風船を揚げることは極めて危険な行為だ」と指摘し、トラブルなどが万一起きた場合を念頭に「国内法に基づいて処罰の道もある。（抗議をする）気持ちはわかるが、なるべく避けてもらいたい」と強調したうえで、刑法の威力業務妨害が適用される可能性がある旨の発言をしている。

しかし、「極めて危険な行為」というのは、いったい何を指して言われていることなのだろうか。沖縄国際大学の井端正幸教授（憲法学）が、「北沢大臣のこの発言は本末転倒というほかはない。そもそも大学を含む学校や病院などもある市街地の上空を自由に、というよりも傍若無人に飛び交っている米軍機、米軍ヘリコプターの方が教育や医療活動、市民の日常生活に対して威力業務妨害を行っているというべきであろう」（「沖縄タイムス」二〇一一年五月五日、文化面）と述べているが、的を射た指摘である。

風船掲揚はだれでも参加して意思表示ができ、衆目を集め、実際に米軍機の飛行自粛を促すような実効性もある。その意味で、ツイッターやフェイスブックなどのソーシャルメディアによって不特定多数の人々に呼びかけが広がっている首相官邸前の週末抗議行動などに類似した特徴があるように思う。このような技術＝芸術の発明は、これまで、政府に対する要請・陳情型だった沖縄の抗議行動を、新たに実効性のあるものとして開く可能性をもつものである。

4

日米両政府が一九九六年、普天間飛行場の返還を発表して、すでに十六年が過ぎた。その間、普天間返還をめぐる動きは、沖縄の県内移設を前提とした代替施設建設に問題がすり替わった。そのようななか、普天間移設について「最低でも県外」と公言していた民主党は、政権交替以降、名護市辺野古沖のキャンプシュワブ沿岸部へ普天間を移設する姿勢へと方針転換し、国内で沖縄に過重な基地負担が集中する現状は是認されたまま、なし崩し的に固定化した普天間には、墜落事故を繰り返しているオスプレイの配備が強行されようとしている。

基地周辺で行なわれる風船掲揚は、沖縄の現状がいかにいびつで異常な状態なのかをあらためて気づかせ、その克服の可能性をはっきりと示唆する。私たちに近年のどんな沖縄文化の氾濫よりも、この行為が爽快な開放感をもたらすのはいったいなぜなのだろうか。それは単純に青空に色とりどりの風船が上がり、風に揺れているという光景がもたらす、視覚的な美しさだけによるのではない。それは、資本や国家に依存し、その内部に調和的に安住する沖縄文化とは異なる、沖縄社会の新たな可能性を私たちに明確に指し示しているからである。

この風船掲揚を、近年もてはやされ流通＝消費される沖縄の文化イメージと比べてみると、その位相の違いは歴然としている。国家と資本の内部に位置づけられ、適合的にコントロールされる一つの要素としてではなく、市民が自身の手で理不尽な現状を問題化し、不安定な状況をむき出しにすることによって、自立的な公共圏を獲得するためのしなやかな民主的闘争の意思表示が、明確にそこに示されているのである。その可能性は、沖縄社会の現状を鋭く問いながら、異様な現状を明確にする技術＝芸術を再創造するものとして注目される。

沖縄文化の潜勢力が志向する可能性は、既存の国家の内部で見せ物化した文化的装飾となることや、資本の要請によってマーケットでもてはやされる商品となることとは明確に異なるものである。それは趣味的娯楽として現状の理不尽な状況を追認するものではなく、沖縄の現状に即した政治的、社会的な文脈のなかで、現状を異化し、問題点を浮かび上がらせるような、問題提起の力をもっている。私たちの立ち位置をとらえ返し、問い直しながら現状を再構成する力をいかに回復することができるのか。沖縄を取り巻く現状が厳しさを増すなか、今後もしたたかに沖縄文化の新たな可能性や潜在能力を模索し、再創造することの重要性を、風船掲揚の抗議行動は私たちに示唆している。

（沖縄からの報告35・二〇一三年一月号）

独立論の行方

1

日本の安全保障が沖縄の過重な基地負担によって担保されていることの是非が顧みられない現状で、沖縄県内では、問題を自らのこととして自覚しない日本全体への真剣な憤りと共に、日本という近代国民国家の内部にこれ以上、留まっている必要はないのではないかという声が徐々に高まっている。沖縄側がこうした危機感をもっているにもかかわらず、日本の主要メディアにおいてこの動向が取り上げられることは少なく、国内的なテーマとしては、ほとんど認知されていない。そのこと自体が危機的な状況であると言ってよいが、現実にその社会的契機は存在しており、なかには「沖縄の独立は三年くらいあれば可能だ」（佐藤優氏）との見解もある。本稿ではその現状を踏まえ、沖縄を取り巻く社会的、歴史的文脈を整理し、今後の沖縄を考えるうえで必要と思われる視点を検討する。

2

二〇一二年十一月十六日、野田佳彦首相（当時）は衆議院を解散した。解散総選挙にともない、本稿執筆時点（十二月六日）で憲法改正や経済政策、原発・エネルギー問題、TPP交渉参加など、さまざまな争点が議論されているが、普天間飛行場の移設問題やオスプレイ配備など、沖縄県民の大多数が反対する懸案については、ほとんど争点化すらされていない。

二〇〇九年夏以降、普天間飛行場の移設問題について、「最低でも県外」（鳩山由紀夫元首相）を掲げスタートした民主党政権の沖縄政策は、結局、沖縄の過重な基地負担をこれまで通り是認する名護市辺野古沖への県内移設に回帰したうえに、開発段階から墜落事故を繰り返し危険性が指摘される米軍の新型輸送機MV22オスプレイが配備されるなど、新たな問題が上乗せされた。政権交代以降、この三年余りで沖縄の基地負担は軽減されるどころかむしろ過重さを増し、国内的な関心も著しく低下している。このような状況で行なわれる「国政」「選挙」とは、はたして沖縄にとってどんな意味をもつものなのだろうか。沖縄の現状の是非が、「国政」でこそ問われなければならないにもかかわらず、この理不尽な状況が争点化され、議論されないという現状こそが「沖縄問題」の国内での解決が困難であることを如実に示していると言えるのではないか。(註1)

このような昨今の状況下で注目されるのは、一部の沖縄の有識者が、日本政府への要請・陳情型の問題解決とは一線を画し、沖縄独自の政治的な自治・自立を求める立場を明確にしていることである。

たとえば、二〇一二年十一月二十五日に法政大学で行なわれた、沖縄の本土復帰四〇周年を記念したシンポジウム『「復帰」40年、これからの40年』(法政大学沖縄文化研究所主催)では、ジャーナリストの新川明氏、元沖縄大学学長の新崎盛暉氏のほか、元県知事の大田昌秀、稲嶺惠一両氏がそれぞれ報告し、沖縄の自己決定権について議論を交わしている。沖縄の地元紙である「沖縄タイムス」の報道(二〇一二年十一月二十六日、社会面)によると、同シンポの発言のうち、復帰前に「反復帰論」を唱えた新川氏は、琉球がなかば強制的に日本に併合された歴史的な経緯に触れ、日本を祖国として「復帰」を目指した当時の運動を疑問視している。そのうえで、米軍普天間飛行場返還、オスプレイ配備など基地問題や経済問題に対応するためには日本への同化ではなく、沖縄の自己決定権が必要として「独立論」を展開し、「すぐに実現するとは思わないが(独立の)理念を持って行動しなければ、自己決定権は確保できない」と主張している。

新崎氏も「沖縄はアジアの触媒になり得るか」との問題提起において、尖閣諸島問題を事例として挙げながら、ナショナリズムの議論になりがちな国家間の主張だけではなく、生活の場や生活圏の一部として尖閣に接してきた沖縄が意見を表明することが重要だと指摘。「地域的な自己主張をすることが、自己決定権獲得へ広がることになる」と論じたという。

また、二〇一二年十一月二十三日に三重県津市で開かれた日本平和学会の集会では、龍谷大学の松島泰勝教授、沖縄国際大学の友知政樹准教授が、沖縄の基地負担を軽減し、平和を実現するために、日本からの独立を追求する目的で、大学教員ら県出身者が二〇一三年四月に「琉球独立総合研究学会」を新設することを発表している。松島、友知の両氏は「独立を目指すことを前提に、円滑な達成方法や世界の事例を研究して実践につなげたい」と強調し、発起人五人ですでに準備会を立ち上げて会合を重ね、春までに学会の規約をまとめるという。同じく「沖縄タイムス」の報道（二〇一二年十一月二十五日、社会面）によると、同研究学会には、沖縄語（ウチナーグチ）の教育普及に取り組む大学院生や雑誌編集者、子育て中の主婦が参加し、学会の運営方法や研究内容などが議論されている。

国連の手続きにのっとって独立の是非を問うため、住民投票の実施を決めた米領グアムや仏領ニューカレドニアの事例に加え、地域政府が樹立された英スコットランドやスペイン・カタルーニャの独立運動の動向を学ぶ予定で、沖縄独立後の統治体制や、基地に依存しない持続可能な経済発展のあり方が議論される計画だという。

太平洋諸島の脱植民地化を研究する松島教授は、同日の研究集会で「オスプレイの強行配備をみても、日本国が琉球人を守ろうとしないことは明らか」であり「琉球の体制そのものを変えていかないと、私たちは未来永劫、非平和的な状況を受け入れざるを得ない」と、独立の必要性を強調している。また、オスプレイの訓練を阻止するために米軍普天間飛行場周辺でたこ揚げの抗議行動を行なっている友知准教授は、同じ集会で、独立学会の会員を「琉球人に限定する」ことを説明し、同時に「琉球人の定義を含め、自分たちで郷土のあり方を主体的に議論したい。日本と米国による暴力から琉球を解放するには、そうした過程が欠かせない」と語っている。（註2）

3

沖縄の理不尽な社会状況を、日本という近代国民国家とは別の道行きを模索することで打開しようとする動きの顕在化。しばしば「居酒屋独立論」などと批判的に言及されることもある沖縄の独立、自立論だが、あらためて振り返ってみると、同種の議論はこれまでも幾度か繰り返されており、近年に限ってみても、一九九五年の米兵による暴行事件に伴って復帰二五年目に議論された「独立論」や、沖縄自治研究会による「沖縄自治州基本法試案」（二〇〇六年）の提示は記憶に新しい。だがはたして、沖縄が日本という国家とは別の道行きを辿ることは、本当に荒唐無稽な議論なのだろうか。

この点について、作家で元外務省主任分析官の佐藤優氏が二〇〇八年五月十八日、沖縄の本土復帰にちなんで沖縄県立博物館・美術館で行なわれたシンポジウム「マーカラワジーガ?! 来たるべき自己決定権のために」（5・18シンポジウム実行委員会主催）で、パネリストとして発表したさい、次のように発言していることは興味深い（以下、佐藤氏の発表を採録した「情況」二〇〇八年七月号より引用）。「沖縄国家の独立は可能と私は考えます。沖縄独立に関して、内地（ここでは沖縄以外の日本を内地と言います）の人々はもとより、沖縄の人々もその可能性を明らかに過小評価しています。沖縄独立は可能です。おそらく3年くらいあればできるでしょう。」

佐藤氏は同発表で「私は沖縄独立に反対です。（中略）独立した沖縄（琉球）共和国は、アメリカ、中国、日本という3つの帝国主義国に囲まれます。そのような環境で生き残るには多大なエネルギーがかかります」と断りながら、同時に「独立は可能だ」と繰り返し強調し、一九九一年にソビエト連邦が崩壊し一五の独立共和国ができたことなどについて説明した。そして「独立というのは県会議員が国会議員になりたいと本気で思って、県会議長が国会議長になりたいと思って、知事が大統領になりたいと思う、商工部長が商工大臣になりたいと思う、と。そう思うと瞬く間に実現するんです。住民全体にとっては非常に不利になってもそれでも実現するんです」と述べ、「今のような無為無策なことを中央政府がやっているのならば、これは独立の方向に拍車がかかります」「沖縄県にはそもそも一三七万人しかいないんですから。民主主義なんていうものも信用しちゃなりません。あれは最終的に数の論理で押し切るわけですから。日本の総人口の99対1だったら勝てるわけがないんです」と指摘している。

同発表の内容は多岐にわたるが、右記の認識に限れば、佐藤氏は同講演で、ここ数年の沖縄の理不尽な状況に対する憤りを的確に捉えているように思われる。

4

沖縄を自立した圏域として考える機運は、ここ数年のあいだに明確なテーマとして共有されつつあり、地方分権のなかでの道州制や沖縄の自治、自立論として、現在まで沖縄県内で熱を帯びて繰り返し議論されている。この文脈において、さらに状況を俯瞰的に把握するうえで、二〇〇九年が琉球・沖縄の近世・近代史にとって、大きな節目となる二つの出来事が重なる年だったことが、あらためて注目される。ひとつは、一六〇九年に当時の独立国だった琉球王国が薩摩藩によって侵攻されてから四〇〇年という節目であり、もうひとつは一八七九年、侵攻以降、薩摩と清朝（中国）の両方の支配を受け入れていた琉球王国が、明治政府によって強制的に廃され、沖縄県が設置されたいわゆる「琉球処分」（廃琉置県）から一三〇年という節目である。この二つの出来事は、今日の沖縄のあり方を考えるうえでも重要なものとしてとりわけ沖縄で大きな関心を集めており、特に節目となった二〇〇九年には、沖縄や奄美諸島で、シンポジウムや講演会が開催されたほか、関連書籍の出版や地元新聞での長期連載など、歴史研究者に限らず一般的にも注目された。

なかでも、同テーマで重要な論点となったのは、近世琉球の主体性への着眼である。薩摩侵攻直後、琉球と距離を置こうとする明国に働きかけ、冊封体制を維持した交渉力。琉球の分島案を事実上の廃棄に追い込んだ要請行動。「江戸立ち」などのさい、徳川幕藩体制下にありながらも「異国」としての側面を強調し、独自性を保った戦略。これらの事例は、近世琉球が大国のもとで単に従属的な関係に拘束されていたのではなく、小国でありながらも日中の狭間で埋没せず、したたかに外交交渉を行ない、一定の存在感をもっていたことを明らかにする。東アジアの社会的、政治的文脈において、沖縄が独立国だった地政学的ポジションの重要性が二〇〇九年の時点で今日的なものとして強く意識されていることがうかがえるが、以上の議論を踏まえ、批評家の柄谷行人氏が昨今、社会学者のイマニュエル・ウォーラースティンのアイデアを援用しながら、世界史のうえで「自由主義的」段階と「帝国主義的」段階が、循環的に反復するとの自説を述べ、次のように指摘していることは示唆的である。

現在の東アジアの地政学構造が反復的であることは明らかです。われわれは今、東アジアにおいて、日清戦争の前夜に近い状況にあります。日本では、中国、北朝鮮、韓国との対立を煽り立てるメディアの風潮が強いですが、現在の状況が明治二〇年代に類似することを知っておくべきです。（柄谷行人「秋幸または幸徳秋水」、「文學界」二〇一二年十月号）

言うまでもなく明治二〇年（一八八七年）は、一八七九年の琉球処分からまだ十年を経ておらず、日清戦争（一八九四年）を前にしてなお琉球王国が独自の王権国家の名残を濃厚にたたえていた歴史的文脈にある。このように考えると、近年、沖縄の位置が自立した独自の圏域として意識されていることは、決して故のないことではない。現在の沖縄が置かれた現状を問い直すことで浮かび上がる、東アジアにおける沖縄の地政学的な位置。沖縄に甚大な被害を与える可能性のある国家間の覇権争いに抗うため、これから重要となるのは、沖縄の主体的ポジションを新たな可能性をもつものとして再発見し、緊張が高まる東アジアの危機的状況の反復を回避することである。

（註1）本稿執筆直後の二〇一二年十二月に新たに発足した安倍政権下でも日米合意は堅持され、日本政府は米軍普天間飛行場の辺野古移設を推進する立場を明確にしている。

（註2）二〇一三年五月十五日、琉球民族独立総合研究学会は正式に発足した。琉球独立に関する学会設立は世界史上初で約二〇〇人が会員として参加している。

桃原一彦

「井戸」の底でつながるスタンディング・アーミー

（沖縄からの報告27・二〇一二年五月号）

二〇一二年三月十一日、大震災から一年をむかえた。各メディアは〈鎮魂〉と〈復興〉を伝え、次なる災厄への〈教訓〉と〈備え〉を連呼し、私たちの襟を正そうとする。それらの情報ソースには米軍による「トモダチ作戦」の映像や証言の記録もしっかりと接木され、日米同盟の新たな幕開けを印象づけた。（註1）

一年前は、かつてイラクのファルージャで住民虐殺を実行した米海兵隊第三一海兵遠征部隊（31MEU）による気仙沼での復興支援活動の映像に軽い目眩をおぼえたが、今年（二〇一二年）はそれ以上に昏倒しそうなほどの衝撃に見舞われた。なぜなら、気仙沼の「感動秘話」を伝える映像から数時間後、アフガニスタン・カンダハル州駐留の米陸軍兵士が民家に押し入り、子ども九人を含む住民十七人を殺害したというニュースが飛び込んできたからだ。わたしが昨年五月号の「未来」（「震災後の軍隊とメアの水脈」、『闘争する境界』所収）で指摘した不安、すなわち「トモダチ」による殺戮の「水脈」は毎日のように地上に噴き出している。（註2）

互いの「顔」「声」「思い」が言葉や映像となって溢れんばかりに伝わる「感動秘話」と、個々の表情や人生や理不尽な最期がほとんど伝わってこないファルージャとカンダハル。米兵との関係をめぐるこの不平等性や非対称性を、私たちはどのように受け止めるべきだろうか。日米同盟を称揚する日本の大手メディアは、虐殺行為を実行した容疑者の「心的外傷後ストレス」という個別的な「障害」を強調しようと躍起である。しかし、ではなぜ、その兵士の内に生じた破壊的衝動は、同じ兵舎内の同僚米兵たちに向かうことなく、金網の外の無辜の民に向かったのか。

この問いを突き詰めるなか、先日わたしは、二人のイタリア人映画監督（エンリコ・パレンティとトーマス・ファツィ）が制作したドキュメンタリー『誰も知らない基地のこと』（原題：Standing Army）を観る機会があった。（註3）同作品を観ながらこれまで以上に確証を得たことは、駐留米軍（Standing Army）は約四十カ国、七百箇所超という〈遍在性〉をもって世界中に展開しているが、じつはある程度の〈偏在性〉をもって局所的に駐留しているという点である。同作品では、日米の「安保マフィア」など「軍産官学複合体」の巨大な利権構造によって増殖マシンと化した駐留米軍の核心に切り込んでいくが、そこには占領地として差し出された人々への差別主義や、暴力と犠牲の集約という植民地主義の姿が映しだされている。基地被害や兵士の暴力に苦しむ人々はその不条理な差別主義と植民地主義の構図に気づき声をあげているが、ホスト国の政府、司法、国民の代表者たちは「民主主義」と法治国家の名のもとに無邪気に土地と人を献上する。それは、つねに自決権を剝奪しつづけてきた差別的な政治性と歴史性のもとで、沖縄に駐留軍を集中させるアメリカと日本との関係にも通底する問題である。

もちろん、ここでわたしが駐留軍をめぐる差別と暴力の受苦者に寄り添い、映画に登場するイタリアのヴィチェンツアやディエゴ・ガルシア島の人々、そしてファルージャやカンダハルの〈傷〉に共感し、巨大な権力に抗うための連帯を呼びかけることは、重要なコミットのあり方となるはずである。

さらに、高橋哲哉が「犠牲のシステム」と銘打ったように、産官学複合体の利権、振興策や交付金漬けの実態など、福島や原発をめぐる問題との共通項を提示し、領域横断的な観点からグローバリズムや国民国家の抑圧構造について洗い出すことは決して無駄ではない（『犠牲のシステム　福島・沖縄』集英社、二〇一二年）。

だが、やはりここで、わたしは越境的な視座から連帯の方法論を思案することよりも、まず自らの足元、つまり沖縄という自己の深淵へと掘り下げていく批判的な作業が必要ではないかと考えている。そうしなければ、いったい、誰と、どこで、どのように連帯すればよいのかという他者認識以前に、「何故わたしはここにいるのか」という自己の存在様式さえ捉え損ねるのではないか。それは、自他をめぐる感性的なもののズレや分割《パルタージュ》＝共有のあり方を提示できないどころか、別の形の権力関係や暴力へと転化する可能性をはらんでしまう。わたしは、村上春樹が言う次のような方法、すなわち「『あなたの言っていることはわかる、じゃ、手をつなごう』というのではなくて、『井戸』を掘って掘って掘っていくと、そこでまったくつながるはずのない壁を越えてつながる」という方法の必要性を、いま改めて痛感している（『村上春樹、河合隼雄に会いにいく』新潮社、一九九九年）。

ところで、その「井戸」を掘り進めていくような内省的作業は、三月二十日の「琉球新報」「論壇」に掲載された「ヤマトからの避難者」による投稿文から開始することさえ可能である。「放射能フリー」の「楽園」と、被災した子どもたちの保養地を沖縄に求めるため、沖縄県内各自治体が震災瓦礫を受け入れないよう「伏してお願い申し上げる」彼女の声は、悲痛な叫びにも似て切実である。その冒頭には、放射性物質とともに、震災瓦礫に含まれるヒ素、ＰＣＢ、アスベスト、六価クロムなど有害物質の名が連なる。これらの物質名が目に飛び込んできた瞬間、わたしはすぐさま松島泰勝の著書を思い出した。松島は「琉球コロニアリズムの歴史」と題した章において、米軍基地がもたらす有害物質として「PCB、カドミウム、砒素、六価クロム、鉛、廃油等」を指摘し、琉球の土地と琉球人の身体を蝕む環境汚染の問題を指摘している（『琉球独立への道』法律文化社、二〇一二年）。それ以降、私は沖縄のメディア空間で、矛盾しあう言説が奇妙にも相殺しあい共存するような情況に遭遇している。

三月下旬、一一三リットルのディーゼル燃料が嘉手納弾薬庫から農地や比謝川に流出し、さらに沖縄市内の住宅街で連日のように不発弾が発見された次の日、震災瓦礫への不安と「沖縄だけでも安心の場所に」という震災避難者の思いが活字となって登場する。その翌日には、震災瓦礫の受け入れを懸念する者たちの口から「沖縄は唯一のクリーンルーム」という言葉が発せられたかと思えば、数日後には普天間第二小学校の教室で一〇〇デシベルを超える爆音の測定結果が発表された。「観光立県」を標榜しつつ米軍基地という汚染装置を大量に背負わされた沖縄を鑑みれば、以上のような歪《いびつ》な情況は、今に始まったことではないと断言することができる。たとえば、県内各地の米軍弾薬庫施設内で、放射性物質に敏感に反応する山羊が放し飼いにされていることを、沖縄人はよく知っている。ましてや、一九七一年にサリンとVXガスが市街地を通過して四十年が経過した今日でも、嘉手納弾薬庫のNBC（核兵器、生物兵器、化学兵器）疑惑は払拭されていない。それどころか、沖縄近海では米軍による劣化ウラン弾の射爆訓練が頻繁に行なわれ、近年では米軍施設内で大量の枯れ葉剤が使用されたことも発覚している。さらに述べるならば、沖縄国際大学に米軍ヘリが墜落炎上したさい、放射性物質が気化し土壌を汚染した疑いがあることや、「トモダチ作戦」のさい、大量の放射性物質を浴びた米軍の使用機材が沖縄の米軍施設内で洗浄処理されたことも指摘されている。

「クリーン」で「安心」な「楽園」という言説空間が成立してしまう沖縄で、右記のような問題を洗い出せば枚挙にいとまがない。それこそ「楽園」イメージと、化学物質の巨大な武器庫・汚染装置が共存する、植民地社会という分裂した情況を如実に表わしている。問題の核心は、その分裂した情況にあるのではなく、それでもなお不条理な社会を、整序され統合されたイメージのもとで維持させていこうとする欲望やシステムそのものにある。

社会学者クラウス・オッフェは、国家が福祉・教育・科学・労働などに徹底介入した後期資本主義の政治システムについて次のことを明らかにしようとした。すなわち、なぜ特定の利害だけが達成されると、それ以外の利害が抹消され、不平等が維持・存続されることに正当性が付与されるのかという問いである（『後期資本制社会システム』法政大学出版局、一九八八年）。オッフェの説明でポイントとなるのは、「福祉国家」というヨコナラビの消費社会において、政治的争点の優先度に正当性が付与される条件は〈経済的安定〉や〈外部からの脅威〉などに対する予防的危機管理に集約されるという。この条件下では状況依存的な〈大衆〉の欲望や利害が「一般意思」のごとく優先され、テクノクラートは現実調整的な対処法に沿って、大衆の欲望を満たしてしまおうとする。そのとき、抜本的な変革を望む、周辺的カテゴリーに追いやられてきた人々の欲望や利害や意思決定は、政党、組合、議会などの制度空間で濾過され、可視化されにくくなり、後回しにされ、現状が固定化されてしまうというものである。

二〇〇一年の「九・一一」直後、修学旅行のキャンセルが相次ぎながらも「大丈夫さぁ〜沖縄」キャンペーンを組んだときの沖縄の情況を思い出してみよう。「楽園」イメージの言説空間が構成されるなか、大量の武器庫や汚染装置を背負わされていた「大丈夫ではない」はずの沖縄で同キャンペーンが組まれた背景には、オッフェがいう予防的危機管理の優先と、状況依存に基づく欲望と利害の淘汰が作動したはずである。このような政治的言説を構成してしまう植民地主義的体制では、放射性物質や有害物質をめぐる震災瓦礫の問題と、軍事基地がもたらす諸問題が完全に切断されてしまう。

震災瓦礫と米軍基地がもたらす問題は、どちらも〈外部からの脅威〉として「井戸」の底でつながる争点のはずである。「大丈夫ではない」はずの沖縄は、これ以上〈外部からの脅威〉を受け入れる余地などない。それにも関わらず、震災瓦礫をめぐる問題については「大丈夫ではない」という言葉とともに即応的な対処が図られ、他方、駐留米軍がもたらす脅威については「大丈夫さぁ〜」という痛々しいつくり笑いで沖縄という自己を微調整してしまう。否、駐留米軍について「大丈夫ではない」と怒りや悲痛な言葉を発しつづけてきた人たちは、沖縄には確かに大勢いるはずだ。しかし、状況に依存する大衆と、その状況を対症療法的に操作するテクノクラートは、駐留米軍をめぐる切実な言葉を濾過しつつ、周辺に置き去りにしてしまうのである。

この「状況依存」と「状況操作」に基づく置き去り行為は、駐留米軍をめぐる問題に限られるものではない。琉球弧への自衛隊の配備増強という「状況操作」に励んでいた防衛官僚たちは、北朝鮮による「衛星打ち上げ」の発表を機に、沖縄、宮古、石垣、与那国へのＰＡＣ３の配備と隊員の大動員に大はしゃぎである。石垣島に住む知人は、電話で「迷彩服の人が大勢押し寄せてきて、戦争が始まるみたいで怖い」と話していた。先に紹介した映画のなかで、人類学者のキャサリーン・ラッツは、「兵隊が来るから戦争になる」と警句を発した。日本によって「捨て石」にされつづける沖縄で「井戸」の底に降り立ってみれば、旧日本軍と自衛隊はStanding Armyという水脈でつながっている。それは「有事」という状況を沖縄にもたらす〈外部からの脅威〉でしかない。

さらに、今回のＰＡＣ３および隊員の大規模展開によって、沖縄方面への修学旅行のキャンセルや延期が相次いでいることを鑑みれば、Standing Army は〈経済的安定〉さえも脅かす。[註4] だが、この脅威は国防テクノクラートのみによってもたらされるのではなく、その状況操作に依存した日本人の無意識の「観光テロリズム」と両輪になり駆動するのだ。現時点では「大丈夫さぁ〜」と発するような言説は見られない。だが、野村浩也が指摘してきたように「観光テロリズム」は、植民地主義体制における恐怖政治として強力に作動するため、植民地の人々は再び痛々しいつくり笑いで不安と恐怖心を払拭しようとする可能性も否定できない（『無意識の植民地主義』御茶の水書房、二〇〇五年）。

大震災で「感動秘話」を大量に生みだした自衛隊は、沖縄の「井戸」の底では駐留米軍や旧日本軍とつながっている。だが、宗主国のテクノクラートのみならず、植民地エリートさえも「井戸」を蓋で閉じ、状況に依存しようとする。昨年の八重山地区における教科書採択問題と同じように、今年は旧日本軍の第三十二軍司令部壕跡の説明板から従軍慰安婦や住民虐殺に関する記述が削除された。それは、状況依存と状況操作のどさくさに紛れて、語ることが困難な当事者たちを〈過去〉に置き去りにしつつ、沖縄の〈未来〉を軍隊との関係で宿命づけるように恐怖政治の人質にとりつづけるための土台づくりにもなる。

殺戮、「感動秘話」、放射能、ミサイル……。大量の情報が瞬時に時空間を超える時代であるからこそ、状況操作と状況依存を回避するために、「井戸」を「掘って掘って掘っていく」という作業が、ここ沖縄で求められる。

（註1）フリーランス・ライターの屋良朝博によると「在沖海兵隊の仕事はアジア太平洋地域での紛争や自然災

害への即応とテロとの戦い」であり、とりわけ自然災害時において「地域住民の人心を掌握する活動に米太平洋軍は力を入れている」という（「沖縄タイムス」二〇一四年四月十二日および『誤解だらけの沖縄・米軍基地』旬報社、二〇一二年を参照のこと）。

（註2）東日本大震災における「トモダチ」作戦が「犠牲」と「救済」を接木し、「救国」の物語において軍隊の暴力性が霧散していくような潮流は今も続いている。

たとえば、二〇一五年度から使用される小学校の社会科教科書で「トモダチ作戦」が全面肯定的に記述されていることが、先日「沖縄タイムス」によって報じられた（二〇一四年四月五日）。「震災の政治利用」という問題性を指摘した同社の報道に対し、「被災地から沖縄に移住してきた」という女性から次のような苦情の電話が寄せられたという。

「沖縄のあなたたちに何が分かる。米兵が助けに来て、感謝してはいけないのか。被災者を愚弄している。沖縄は被災者に何もしていないくせに、偉そうに批判するな。米軍批判ばかりするが、中国に占領されてもいいのか。」（電話に応対した記者本人への聞き取り）

ここで注意しなければならないのは、その電話の女性が被災地からの移住者であるのかどうか、確認しようがないということだ。また、たとえ被災地からの移住者だとしても、彼女の言葉が被災者およびその避難・移住者に典型的な意見であるかどうかも分からない。

いずれにせよ、軍隊が「犠牲」と「救済」の文脈に装着されるとき、この国には、沖縄、ファルージャ、カンダハルなどにおける暴力と犠牲を一切合切抹消するような語り口が根強くあるということだ。

また、その女性は自分自身が沖縄を抑圧してきた一人であるということに無自覚である。そして「あなたたちに何が分かる」「偉そうに」と言い放つとき、沖縄を愚弄するばかりか、被災者とその避難・移住者さえも愚弄してしまっていることに気づいていない。

（註3）また、二〇一二年四月九日、同作品の監督の一人エンリコ・パレンティを沖縄国際大学に招いて、シン

ポジウムを開催した。

（註4）二〇一二年四月十一日、沖縄県危機管理対策本部会議は、沖縄への修学旅行を中止・延期した中学・高校が九校、旅行をキャンセルした一般観光客が約百人に上ることを明らかにした（「朝日新聞」二〇一二年四月十二日）。

また、二〇一二年四月七日の「四国新聞」によると、香川県丸亀市の教育委員会は、市内三中学校（計二六五人の修学旅行生）の沖縄県への修学旅行の延期を決定している。

身体を主語においたユートピアへ向けて

（沖縄からの報告30・二〇一二年八月号）

六月十六日の深夜、アメリカのSF映画「エイリアン2」がテレビで放映されていた。同作品には地球外で展開する「植民地海兵隊」なる部隊が登場し、「お手軽植民地」という表現まで出てくる。アメリカでは、海兵隊という〈殴り込み装置〉が、「化外」の地に介入する主要な道具として正当性を有しており、未来の時空間に関する空想力にまで深く浸透しているのかもしれない。それは、虚構と現実が転倒したディズニーランドと同じように、アメリカの手慣れた文化装置と言えるだろう。

もちろん、「植民地海兵隊」は未来の空想的な世界、ましてやお伽話のような世界の問題ではない。とくに、沖縄という歴史的現在に立てば、そこはまさしく日米合作の「お手軽植民地」であったと言えるだろう。なぜなら、一九五九年に宮森小学校に米軍ジェット戦闘機が墜落し多くの住民や子どもたちが犠牲となろうが、一九六八年に嘉手納基地でB52爆撃機が墜落し爆発炎上しようが、そして二〇〇四年に沖縄国際大学のビルに米軍ヘリが激突炎上しようが、沖縄の民の声は日米両政府によって狡猾に無力化され、大国間のパワーバランスを好む者たちによって抹消されてきたのだから。

だが「復帰四十年」をむかえた今日、沖縄の民の声は明確な政治的態度と行動を体現しはじめている。つまり「沖縄は植民地である」という認識のもとでの、脱植民地化に向けた態度と行動である。これまでも「復帰」というモニュメントの前後では〈屈辱の四月〉から〈失意の五月〉にかけて、その節目をめぐる企画とイベントが目まぐるしく行なわれ、そのまま〈鎮魂の六月〉に突入してきた。しかし、今日、そこでは必ずしも〈屈辱〉や〈失意〉などの重々しい空気に、そして〈鎮魂〉という静寂に包まれるものではなくなっている。(註1)もちろん「復帰」に関する無邪気な祝祭イベントもあるのだが、沖縄ではさまざまな立ち位置から、今そこにある差別を直視し、これからの暴力に備える態勢を身につけつつある。けっして「お手軽植民地」ではないのだ。

わたしも「脱軍事基地化」や「脱植民地化」を基調としたいくつかのシンポジウムに関わり、新たな関係性へとつながる機会を得ることがあった。とくにグアムの先住民族チャモロの方々との対話が積み重ねられるなど、沖縄が日本という枠組みを超えた遠心力を身につけつつあることを再認識させられた。また、他方では沖縄戦当時の戦跡説明板から「慰安婦」に関する記述が削除されたことに端を発し、集合的記憶の枠組みから抹消されつづけてきた「慰安婦」たちを、現在というまなざしから再構成していく試みも見られる。「日本人」および「日本軍」として、グアムのチャモロに対し深い傷を負わせたことと併せて、沖縄人のなかに巣くう内なる他者や忘却との闘いが継続中である。

ところが、米政府からの〈接受国通報〉を素直に遂行する日本政府は、もはや「お手軽」ではない沖縄に対して、垂直離着陸輸送機・MV22オスプレイという「怪物」の普天間基地配備を正式に要請してきた。くしくも、宮森小学校ジェット戦闘機墜落事件の慰霊祭が例年行なわれる六月三十日に、森本敏防衛大臣が送り込まれてきたのだ。防衛大臣は、オスプレイの配備について「人道支援、災害救援能力が格段に向上する」という理由で正当化を図ろうとするが、結局、震災の犠牲者を「トモダチ」との関係維持のための「人質」にとるかたちで、沖縄の犠牲を無毒なイメージにしようと必死である。また「負担軽減」キャンペーンによって、海兵隊の「グアム移転」を担保にチャモロとの分断を、さらに「嘉手納以南返還」を担保に沖縄島北部との分断をけしかけようとする悪辣さを露呈している。

そのような愚論を並べ立てる防衛大臣との面談を終えた仲井眞弘多沖縄県知事は、メディアに対し「配備を強行したら、全基地即時閉鎖という動きにいかざるをえない」と、これまでにない強い姿勢で言い放った。知事の本気度はさておき、いずれにせよオスプレイの事故原因や事故率だけでは言い表わせないほどの米軍基地に対する拒絶感が、沖縄の集合行動、集合的記憶、そしてそれらの枠組みだけでは捉えられないものとの相互作用において、一定の政治的態度となって現われはじめている。

その姿勢は、行政や議会のレベル、そして党派的な戦略のレベルだけで現われているのではない。防衛大臣の来県に先立って六月十七日に開催された、オスプレイ配備に反対し、普天間基地の返還を求める宜野湾市民大会において、宜野湾市老人クラブ連合会長が発した主張は、どんな政治家や政党よりもすぐれて政治的なものだった。かれは、防衛大臣の就任前と就任後の言動の変化を見事に分析し、次のような言葉を解き放った。

「オスプレイの配備については、『抑止力が高まるのであれば、日本にとって害はない』と容認しました。つまり、配備されている地元にとって害はあっても、日本にとって害はないということです。

ワジワジーしませんか？」

「ワジワジー」という身体化された言葉で怒りの感情を解放するその主張は、意外にも、オスプレイ配備の問題に集約されることなく、防衛官僚が繰り返す「抑止力論」という虚偽意識にまで冷静にメスを入れている。社会学の基礎概念では、「虚偽意識」は「イデオロギー」と訳される。イデオロギーとは、人々の現実的生活が織りなされる市民社会が主語になることはなく、「普遍的な価値」を装った国家の利害が主語となった観念である。

鳩山元首相が「方便」と称して中途半端に暴いてみせた「抑止力論」のイデオロギー性について、老人クラブ会長は、沖縄人の身体を主語において、その虚構の根源にあるものに言及している。すなわち、沖縄の被差別性であり、その犠牲と不平等性に基づいた日本人の利益である。五千余名の聴衆が見つめ傾聴する演壇で、原稿に読まれることなく解き放った、かれの内なる言葉は、日本人全体に問題を投げかける。また、それは県内で基地振興策の利益誘導や覇権争いに明け暮れ、記憶の忘却と虚偽意識にまみれた者たちに対しても投げかけられているのである。

この植民地主義的な状況認識と、それに抵抗する政治的態度・行動が広がりを見せはじめた契機として、日本人に対し「県外移設論」を訴えてきた、沖縄の市民団体等の地道な活動の積み重ねがある。今回のオスプレイ配備計画をめぐる問題には、たんなる〈対米追従〉など、政府の「主体性のなさ」や官僚主義に結論の落としどころを見つけようという誘惑がつきまとう。しかし、沖縄が被る米軍基地の過重負担を、平等原則に基づいて日本に突き返す「県外移設論」に立って見れば、政府や官僚主義のみならず、植民地主義に加担する国民という〈主体〉の問題を暴露する。

たとえば「県外移設論」は、オスプレイをめぐる日本政府―防衛官僚―山口県―岩国市の関係に、沖縄に対する差別的な主体の身振りを映す〈鏡〉が孕まれていることを感知させる。とくに、六月十四日にアメリカ・フロリダ州の演習場で発生したオスプレイ墜落事故以降の日本政府と防衛官僚の慌てぶりは、沖縄の「ガス抜き」のために、岩国が「緩衝材」になる可能性があることを露呈した。かねてから、岩国に対する神経質なほどの政府や官僚の「思いやり行脚」は、沖縄に対する態度とはあまりにも好対照であった。六月十四日の墜落事故さえなければ、機体の組立てと点検飛行ていどで岩国の市民運動を短期間で終息させ、沖縄包囲網を調達することができたはずだ。ポスト民主主義下の国家の虚偽意識は、あらゆる「科学的」データとレトリックを駆使し、一方の多数派市民を冷却することで、他方を包囲するという「民主的な」合意を調達しようとする。

チュニジア生まれの社会学者アルベール・メンミが喝破したように、差別主義は、一方が利益を得るために他方が犠牲となり貶められる「シーソー効果」の原理で稼働する(『人種差別』、法政大学出版局、一九九六年)。よって、沖縄における「県外移設論」が、岩国やその市民運動に限らず、日本人に問うているのは、「オスプレイ以降」の態度と行動のあり方なのである。その問いかけは、沖縄県知事の「全基地閉鎖」や、老人クラブ会長の「ワジワジー」という発言にも看取することができる。

ところで、老人クラブ会長は、「ワジワジー」という感情を解き放っただけではなく、普天間基地返還後のまちづくりのあり方やまちの姿など、高らかに〈夢〉も主張した。その〈夢〉に関する主張は、他の跡地利用を参照した内容であったため、やや紋切り型の感はあった。しかし、虚偽意識にまみれた大国の論理によって収奪されてきた者が、そこにユートピアを求め主張することは、正当な権利であり、重要な政治的行動指針となる。ハンガリー生まれの社会学者カール・マンハイムは、「ユートピア」をたんなる「理想郷」ではなく、既成の秩序では実現されえない精神的な存在と捉えた。

また、「ユートピア」は意識構造とも密接に関連しており、歴史や社会に対する認識のあり方をも規定する。よって「ユートピア」こそが、秩序変革機能の原動力となり、歴史を生成させ、社会を突き動かす源泉となる（『イデオロギーとユートピア』、未來社、一九六八年）。

だが、大国の虚偽意識は、周縁的な人々が描くユートピアでさえも掻き集め、イデオロギーの補強のために動員しようとする。たとえば、基地振興策とパッケージになった都市計画は、既成の秩序、つまりイデオロギーを超えることができないどころか、もはやユートピアを描くための機能を停止させる。また、基地返還後の跡地利用が実現したとしても、結局、日本の資本が土地を買い漁り、経済的・文化的収奪が継続するのであれば、やはり植民地主義的なイデオロギーとその秩序を超える政治とはならない。ましてや〈現実路線〉に固執する政治家や政党が、ユートピアを語る者に対して「観念論だ」と一方的に批判する行為は、自らを拘束するイデオロギーについては無頓着な、愚鈍な姿を曝け出してしまうことになる。よって「現実的な方法」であれ「観念論」であれ、〈私たち〉が描き出そうとするユートピアがどのような知識に拘束されたものなのかを分析することは、脱植民地化のプロセスにおいて重要な知的作業となる。わたしがユートピアを語ろうとするとき、その〈私〉は、警察、法、行政制度、そして「沖縄通」のタレント文化人など、抑圧装置が用意した尋問リストに応答し、語らされるような〈主体〉となっていないか。

「精神の脱植民地化」が鍵となるポストコロニアルな社会において、疑心暗鬼にならず、かつ既成の秩序やイデオロギーを超えて、ユートピアを描いていくことは可能だろうか。ここで確認しておきたいことは、ユートピアとは、「頭の中の警察官」と闘いつつも、個人の心理のみに還元されるものではないということ。それは、非日常的な時空間における個人の孤独な妄想ではなく、深層に固定化されたものでもないということ。よって、それは、日常生活におけるきわめて社会的な行為の産物であり、他者との相互作用のなかで生成変化を繰り返す存在であること。ユートピアは、他者とともに記銘し、他者とともにアクセスし、他者とともに記銘し直す、集合的な営みの中にある。つまり、それは、身体や身振りや場所を保存媒体として、日常のさまざまな場面や他者の身に預けられ、そこにアクセスすることにより、再び自己の身において開示されるのである。世界中のあらゆるマイノリティは、既成の秩序やその抑圧装置からの監視を逃れながらユートピアを描きつづけるために、そのような優れた保存媒体を発明してきたのだ。

防衛大臣が宜野湾市に送り込まれた六月三十日、普天間基地では「フライトライン・フェア」というカーニバルが行なわれていた。その数日前の〈慰霊の日〉、栄里之塔で再会した従兄弟は、「普天間基地の中の土地を見てみたいから、カーニバルに出かける」と語っていた。普天間基地の軍用地料で育ってきた彼の身は、まだ一度も見たことがないというその土地にアクセスし、どのようなユートピアを描いたのだろうか。防衛大臣警護の私服警官やSPからの監視を逃れ、わたしも仲間たちとカーニバルに乗り込んだ。軍用機事故用の消防隊のテント横に陣取り、清明祭の料理が詰め込まれた重箱を広げ、その広大な土地に眠る人々のために御香を立て、全員で手を合わせた。そのとき、わたしの身は、あの老人クラブ会長の言葉にアクセスしていた。

「老人クラブで頑張っておられるお年寄りの方、普天間飛行場の地で生まれ、育ち、生活した方がだいぶおります。この方々が元気なうちに、生まれ育った地に帰していただきたいんです。もう時間はありません。」

まもなく、沖縄国際大学のグラウンドで「宜野湾区大綱引き」が開催される。(註2)わたしの耳目には、軍用機が並ぶ虚飾のカーニバルではなく、普天間基地返還後の大地に躍動する大綱と宜野湾市民の歓声が広がっていた。

〈註1〉〈屈辱の四月〉とは、一九五二年四月二十八日に発効されたサンフランシスコ講和条約によって沖縄、奄美、小笠原諸島が切り離され、日本が独立国家としての地位を回復したことを指している。沖縄では、四月二十八日を「屈辱の日」と称する者が多い。

〈失意の五月〉とは、一九七二年五月十五日の沖縄県の「日本復帰」のことである。「平和憲法への復帰」と「核抜き・本土並み」のスローガンを掲げ、軍政からの解放と軍事基地の負担軽減を期待した沖縄県民だったが、結局多くの軍事施設と米軍の特権を守る地位協定を維持したまま沖縄返還協定が結ばれた。

そして〈鎮魂の六月〉とは、一九四五年の日米両軍による沖縄戦において、日本軍の組織的戦闘が事実上終結した六月二十三日が「慰霊の日」として定められ、毎年六月の沖縄が沖縄戦の犠牲者の御霊を慰めるための祈りに包まれることを指している。

〈註2〉「宜野湾区大綱引き」は、米軍普天間基地内に土地と旧集落を奪われ続ける宜野湾区民が、二〇〇七年、六十六年ぶりに復活させ、沖縄国際大学のグラウンドで五年に一度開催されている。そこでは青年や子どもたちによる旗頭、女性たちによる舞踊も行なわれ、宜野湾区の安全と繁栄が祈念される。

脱植民地化と「対決性」

（沖縄からの報告33・二〇一二年十一月号）

ＭＶ22オスプレイの普天間基地配備に関して、東京から来た全国紙の記者が沖縄国際大学の学生に取材したとき、次のようなやりとりの場面があった。

記者「沖縄の基地問題は本土による差別が原因か」
学生「そう思います」
記者「じゃあ、基地問題の解決策は？」
学生「日本全体で基地を平等に負担することだと思う」
記者「それは難しい。どうすれば本土の人たちに受け入れてもらえるか。具体策は？」
学生「勉強不足なのでわかりませんが、県外には広いとこいっぱいありますよね」
記者「あ、わかりました。もういいですよ」

そしてこの記者は、隣にいた全国ネットのテレビ局の記者に向かって大声で話し始める。「私ね、沖縄取材してわかったんです。沖縄の人たちって、反対はするのに、その後の解決策は考えていないですよね。」

私は、全国紙を含め、県外のすべてのマスコミ記者がこのような態度の持ち主だとは思わない。しかし、沖縄の人々はこのような記者の態度を頻繁に目撃してきたし、同じような「尋問」にあってきた。差別問題の視点で捉えていくと、右記のやりとりは、加害者側が被害者側に解決策を強要し、そしてなぜか被害者が非難されるという、あまりにも本末転倒な構図となっている。このような記者は、米軍基地および海兵隊がなぜ沖縄に集中しているのか、海兵隊や普天間基地の全装備や機動性、法制度面の問題など、基本的な〈お勉強〉をほとんどしていない。否、問題はさらに深刻なのかもしれない。たとえば「本土の人に受け入れてもらう」という言い回しや攻撃的な態度からは、基地問題について「沖縄側がごねている」という見下したまなざしを看取することができる。さらに面倒なことに、たいてい自らの暴力性に無自覚である。そして、これに類する記者たちの描いた「沖縄」が、沖縄に対する差別的な心的性向を再生産し、増殖させ、補強していることは明白である。

このようなまなざしと態度は、決して特殊なケースではないし、個人の問題に還元できるものではない。たとえば、九月二十七日に開催された「マスコミ倫理懇談会・全国大会」における討議のやりとりからは、冒頭の記者と同じような心的性向を看取することができる（「琉球新報」九月二十八日付）。とくに「沖縄に依存する日本の安全保障を問う」分科会では、かつて米国務省の記者会見の場で、日本の全国紙記者が「私たちはみな（辺野古移設に合意した米軍再編の）ロードマップが最適な計画だと知っている」という発言をしたことが明るみとなる。さらに同分科会で、日本経済新聞の論説委員が普天間基地の辺野古移設支持の立場を表明し、普天間基地の固定化に対する「懸念」を述べる。

以上のような姿勢に対し、琉球新報の側からは、米国務省会見において全国紙記者が発した「私たち」に沖縄の世論が含まれていないことが指摘される（「琉球新報」九月二十九日付、社説）。また「辺野古に固執することが（普天間の）固定化につながる」ことや、「無意識のうちに沖縄に基地を置き続けた方がいいという、日本社会一般の認識を反映しているのではないか」などの反論がなされる。

また、同大会において基調報告を行なったノンフィクション作家の吉永みち子は、在京メディアの「思考停止」を指摘し、日米同盟を着地点に「ややこしい問題は知らないふり、見ないふりをしてしまう」と喝破する。このように、冒頭で紹介した全国紙記者の内にある心的性向は個人に還元されるものではなく、日本の大手メディアが拠り所としてきた集合心性の産物であることがわかる。つまり、被害者に解決策を強要する態度と「それは難しい」という問答無用の切り捨ては、大手マスメディアが自己保身として再生産し続けてきた、惰性と「思考停止」の共同体がもたらす新たなかたちの暴力と言えるだろう。戦後、日本人は、きわめて具体的な解決策を用いて、軍隊や戦争という脅威、海兵隊という存在から逃れてきた。(註1) それならば、わざわざ沖縄へ取材に来ずとも、具体的な解決策は日本で編み出せるはずだ。しかし、惰性と「思考停止」の共同体は、頑強な擁壁を崩そうとしない。だからこそ、沖縄は、県外移設論という具体的な解決策で日本に対決を申し込んだとも言えよう。

しかし、この対決の申し込みを黙殺するかのように、全国紙や全国ネットのニュース番組からオスプレイ配備関連の報道が見事に後退した。それと同時に、国家の統治機構が稼働し、沖縄内部での暴力、対立が引き起こされた。沖縄の社会運動史上初めての米軍基地封鎖行動に対し、大量の警察機動隊が投入されたのである。正直に言えば、「沖縄からの報告」を書き進めることがこれほど苦痛なことはなかった。普天間基地ゲート前で機動隊とぶつかりあい、声を枯らし、疲労感と脱力感で塗り固められた泥のような身体のなかに民衆の悲鳴と怒号の残響を抱えたまま、どのようなバランスをもって「沖縄」の「報告」を書くことができるのか。軍隊、軍事基地をめぐって、なぜこれほどまでに沖縄で血が流れ続けるのか。暴れだしたい情動が胸を突き破りそうになり、論理的に書き連ねることができない。だが、情動を無理に抑圧することなく、知識と経験という装備に身を委ねて、ここ数カ月の動きを書き起こしてみよう。もしかすると、明るい希望が見いだせるかもしれない。

すでに報じられているように、沖縄県議会および県内全市町村議会はオスプレイの普天間基地配備に対し全会一致で反対を決議し、九月九日の県民大会では十万三千人が配備拒否の意思を示した。もちろん沖縄県民は、日本政府が沖縄の声に耳を傾けることなどないことを経験的に学んでいる。だからこそ沖縄の人々は、さまざまな立ち位置と方法においてオスプレイの配備阻止に向けた活動を展開し始めた。また政府のさらなる強硬姿勢が端緒となって、沖縄の植民地的状況と被差別性がより鮮明となり、人々は「全基地閉鎖」という言葉さえ発するようになった。いまやオスプレイの問題を超えて、在沖海兵隊の撤退を目指すさまざまなかたちの抵抗運動が連鎖的に発生し続けている。それは、既存の団体・組織を単位とし、強力なリーダーを中心に据えた運動ではなく、個々が緩やかにつながるネットワーク状の運動である。

たとえば、本年（二〇一二年）九月号の知念ウシさんの報告で紹介されていた（三一頁）、「ウーマクカマデーの会」（筆者もメンバーの一人）は、「カマドゥー小《ぐゎー》たちの集い」から触発をうけた、脱植民地化を目指す沖縄人男性のネットワークである。同会は、県民大会への参加はもちろん、その翌週にはオスプレイの離発着訓練が計画されている東村高江の海兵隊北部訓練場へ赴き、メインゲート前で住民らとともに防衛施設局の車両を二時間以上足止めさせた。そして、再びカマドゥー小とともに、風船や凧を使用して沖縄の空を取り戻すためのアクションを県民に呼びかけた（同アクションは、さまざまな主体によって、沖縄のさまざまな場所で開始されている）。

さらに、オスプレイの沖縄飛来が一週間後に迫った九月下旬には、フリーランス・ライターの屋良朝博さんによる呼びかけに賛同し、在沖米兵とその家族向けの英文ビラを作成した。ウーマクカマデー以外の人々も参加し、電子会議上で作成されたそのビラは、次のような内容である。まず、日米両政府によるオスプレイの強行配備とは、沖縄の民意を無視しつづける不正義以外の何ものでもなく、アメリカ合衆国建国の精神である「民主主義」を脅かす行為であること。またアメリカ国内では、歴史的な遺産や自然環境等への配慮、および基地周辺住民や市民団体等からの抗議を受け、オスプレイの訓練計画が中止または変更になったこと。そして、九月十四日付の「ニューヨークタイムズ」の社説全文をそのまま紹介した。その社説は、県民大会を「最大規模の反米集会」と表現し、オスプレイ配備が沖縄県民の古傷に塩を塗り込むような行為であること、海兵隊の撤退が沖縄県民の悲願であること、そしてアメリカ政府は沖縄県民の声に耳を傾ける責任があることなどが書かれている。このビラは基地ゲート前で配布され、基地外に居住する米兵の住宅（「基地外基地」）に投函されている。もちろんフェイスブック等でも公開し、国内外の多くの人々にシェアされ、拡散し続けている。その戦略は「民主主義国家」を標榜しつつも、自国軍の国外展開については民意や人権を無視するアメリカ政府のダブル・スタンダードな姿勢を指摘し、その矛盾をアメリカ人の市民意識に向けて働きかけることにある。

とりあえず、このビラには日本語文もついているが、問いかけの対象は日本国民ではない。なぜなら、アメリカのご機嫌ばかりを伺い、原発ゼロの方針さえ骨抜きにし、沖縄民衆の声を黙殺するような政府を「日米同盟堅持」の名目で支えてしまうような国民世論には辟易しているからである。そして、このような国民世論の着地点を吹聴する日本の大手メディアに対しても、あまり期待していない。

だが、このビラに日本語文が付されていることには、国家あるいは国家間の同盟ではなく民主主義や人権という原理・原則に立脚した、「対決」という関係性への呼びかけが孕まれている。

先ほど、日本の大手メディアに対する批判の箇所でも「対決」という言葉を使用したが、ここでその意味を述べておこうと思う。「対決」という言葉を目にすると、すぐさま〈日本対沖縄〉などの「二項対立」の構図を想起する者もいるだろう。だが、本稿で使用する「対決」とは、単純に二者間の「敵対」を意味するものではない。ドイツの政治学者C・シュミットが表現したように、本稿で使用する「対決」とは、日本と沖縄との関係に政治的な非常事態（「例外状態」）を浮上させることにねらいがある（『政治的なものの概念』、未來社、一九七〇年）。ここで注意しなければならないのは、日本と沖縄との関係をたんに国家や行政府の政治的な枠組みで捉えてはいけないこと。つまり、日本と沖縄との関係を〈政府対沖縄県政〉に閉じて、そこに責任を付託してはならない。「対決」とは、日本人と沖縄人とのあいだに政治的な非常事態を構成し、「闘技」的なチャンネルを切り拓くことである。英国の政治学者C・ムフの言う「闘技」とは、いかなる共通の土台も共有しない敵対関係ではなく、対立に解決をもたらすことが困難であると知りつつも、対抗者を承認しあう政治的な空間であり関係性のことである（『政治的なものについて』、明石書店、二〇〇八年）。

また、ここでいう「承認」とは「違いを超える」「寛容になる」ということではなく、対立の契機を介した政治的討議を〈歓待〉する関係である。よって、対立の契機とは「沖縄から日本を変える」だとか、「沖縄は日本の民主主義の希望」だというような、〈合わせ鏡〉のような救済関係を意味しない。日本人は沖縄人との対決のなかで惰性の共同体にズレを生じさせ、日本人同士の対立の契機と闘技の関係を切り拓いていけばいい。もちろん、この闘技的な関係は沖縄県内在住の日本人セトラー

（入植移住者）によっても切り拓かれなければならない。

さらに、この闘技的な関係性は日本人のみの課題ではない。沖縄人同士であっても、社会的、文化的、政治的な立ち位置の違いやしがらみのなかで、脱植民地化に向けた闘技的な関係性を切り拓いていく必要があるだろう。

普天間基地のゲート前に集合した人々も、決して一枚岩ではない。ゲート封鎖中の民衆を遠巻きに眺めていた若者と、「私たちは何も失うものがないから」と語りゲート前に座り込むお年寄りとのあいだには、なんらかのズレがあることも確かだ。しかし、ゲート前の市民にハンバーガーを差し入れた若者がいた。隊列を組む機動隊に向かってＡＫＢ48の曲を流したとき、一瞬表情を緩める若い機動隊員もいた。私自身、警察側にＰＴＡ活動をともにする知人がいた。ゲート前に座り込んだある学生は機動隊に従兄弟の姿を見つけ、ある者は弟の姿を確認した。お互い言葉にならないメッセージを伝えあいながら、身体をぶつけあった。

植民地主義が深化した社会において、立ち位置の違いによる対立を解決することは容易ではない。しかし近い将来、人びとが己れの装備する制服と警棒、取材カメラと腕章、拡声器とフラッグについて自ら相対化し言語化し、それぞれの立場から闘技的な関係を交差させ、脱植民地化の径路を切り拓く日が来ると信じたい。


（註１）在日米軍海兵隊は、一九五〇年に勃発した朝鮮戦争後の韓国駐留米軍を後方支援するため、一九五三年に岐阜や山梨などに分散配置された。

しかし、一九五二年のサンフランシスコ講和条約によって独立国家としての地位を回復していた日本国民は、各地で米軍基地に反対する住民運動を繰り広げ、海兵隊は激しい抵抗を受けた。そして、一九五六年、米軍海兵隊は、日本国憲法の埒外に切り捨てられた米軍統治下の沖縄に、本土から追い出されるように移転した。

また、一九七二年に日本国憲法のもとに「復帰」したあとも、米軍海兵隊は沖縄に移転されている。沖縄県民の激しい抵抗にも関わらず、一九七六年、山口県・米海兵隊岩国基地から第一海兵航空団の千人規模の兵力と輸送機九機が沖縄に移転してきたのだ。ちなみに、二〇一三年に普天間基地に配備されたオスプレイは同部隊が使用する（屋良朝博『誤解だらけの沖縄・米軍基地』旬報社、二〇一二年、参照のこと）。

戦後、日本人は運動の主体となることができたし、日米安保や地位協定および在日米軍基地をどのようにするべきか、民主的な手続きにおいて如何ようにでもすることができる。また、そのようなポジショナリティにおいて、無関心や無知を装うこともできる。きわめて具体的な解決策と回避策である。

「善意」で舗装された道はどこへ向かう？

（沖縄からの報告36・二〇一三年二月号）

前回、私が「沖縄からの報告」を執筆担当したのは昨年（二〇一二年）十一月号である。つまり、市民による普天間基地主要ゲート封鎖と警察機構による強制排除というあの激しい対決から三カ月が経とうとしている。わずかな期間のはずだが、あのときの群衆と怒号はまるで古い記録映画のシーンのように遠い記憶となりつつある。

無理もない。オスプレイの強行配備に始まり、米兵の犯罪・事故の続発と夜間外出禁止および基地外禁酒の発令、そして「危機突破」「救国」「国防・改憲・原発推進」をスローガンに独占的に復活した体制など、あまりにもマッチョな歴史が目まぐるしく通過していったのだから[註1]。瞬く間に二〇一二年は暮れゆき、これらの出来事と沖縄をめぐる情況を総括できないまま本稿の執筆時期となった。昨年十二月の国政選挙の結果を見れば、沖縄にとっての二〇一三年は「地獄」へのギアチェンジと読むこともできる。しかし、どのような事態に至るのか、私自身いまだに展望を見出せないでいる。否、むしろ未決性、不確実性の延長線上において「地獄」を回避するための希望を見出すことに明け暮れていると言ってもいいだろう。この機会に二つの年をシンクロさせ、希望の回路を投企しておくことも無駄ではあるまい。

二つの年を跨ぎながら本欄を執筆するのは今回で二度目である。一年前は普天間基地の辺野古移設案に関する環境影響評価書の「闇討ち」搬入問題があり、あらためて日本政府と防衛官僚による沖縄への植民地主義的な態度を見せつけられた。ちょうどそのさなか、二〇一二年の元日深夜に放送されたＮＨＫの討論番組で、エコノミストの飯田泰之が次のようなドイツの諺を紹介していた。

地獄への道は善意で舗装されている。

これは「格差は悪気なく作られる」という文脈において紹介された諺である。すなわち、ある層に固定化され再生産される社会的な諸矛盾や不条理は、特定の支配者の悪意にみちた行為によって策動されるのではない。むしろ「善かれ」という合理的な判断に基づいた、個々人のミクロな行為選択の積算によって構成されているという。なるほど、近代以降、社会変動の重要な楔《くさび》となってきた富の分配をめぐる集団的な闘争は、今日までにリスクや痛みの分配をめぐるミクロな行為遂行の次元へとシフトしたようだ。二〇一一年三月の大震災は原子力の問題を液状化させ、「善意」の粒子が敷き詰められた舗装道の間隙から地表に押し出したのだ。

同番組の放送からちょうど一年が経過した。軍事基地などをめぐるリスクや痛みの問題、つまり沖縄に対する抑圧的な構造の問題についてはどうだろうか。私は先ほど「日本政府と防衛官僚による沖縄への植民地主義的な態度」と記した。しかし先の諺を用いるならば、その抑圧的な構造は政府、官僚など特定の人々が歪な悪路を作り上げはするものの、日本人という国民一人ひとりの日々の行為選択が「綺麗」に均し舗装道に仕上げるのである。あえて古典的な概念を使うとすれば、そこには「ステレオタイプ」という問題が潜在しているであろう。

アメリカのジャーナリスト、ウォルター・リップマンは「ステレオタイプ」を単なる「画一化されたイメージ」「偏見」「先入観」などと定義しない。リップマンは、同概念について「見てから定義しないで、定義してから見る」行為遂行上の認識フレームとして扱おうとする。すなわち、ある集団内の相互作用において形成され、保蔵され、普段は気にも留めていない図式や認識の鋳型を、どのような場面においてどのような情報処理の方法で動員するのかという問いにおいて捉えようとする。よって、それは決して静的な概念ではなく、日常的な行為における方法論的な文脈で読み取らなければならないダイナミックな概念なのである（『世論』、岩波書店、一九八七年）。

ミクロな日常世界における不安定な認識フレームを、所与の「世論」としてナショナルな多数派に昇華させる主たる装置がマスメディアである。十一月号で指摘したように「全国紙や全国ネットのニュース番組から、オスプレイ配備関連の報道が見事に後退した」ことは、直後の国政選挙で沖縄の米軍基地等の問題が争点にならなかったことと少なからず関連している。また、それは尖閣諸島領海・領空への侵入情報や、「事実上のミサイル」発射情報が大量に流し込まれたこととあまりにも非対称的関係にある。

さらに、森本前防衛大臣は退任直後の記者会見において「〔普天間基地の移設先は〕軍事的には沖縄でなくてもよいが、政治的に考えると沖縄が最適の地域だ」と言ってのけた。つまり、鳩山由紀夫が首相辞任後に「抑止力は方便」と吐露したことと同じ方法論で事後処理したことになる。沖縄から発せられる複雑なノイズを合理的に処理するうえで、政府、官僚が多用する政治的な方便とマスメディアが流し込む情報は「世論」という次元で調合される。「世論」化した認識フレームは安全保障という秩序と調和し、「苦渋の選択」という「善意」のカムフラージュにおいて正当化される。もちろん、それは沖縄のリスクや痛み、つまり沖縄の再「捨て石」化が前景から抹消されることでもある。日本国民がはるか上空の見えない「ミサイル」に怯えたとき、私の目の前でオスプレイの重低爆音が窓ガラスを揺らし、迎撃ミサイルPAC—3が沖縄県民の頭上に向けて配備されるのだ。

「沖縄の人が原発のことなんてどうでもいいって言ったら叩かれるんだろうなー。基地のことはけっこう知らんふりされるけど。」

これは、私の知人が国政選挙直前に呟いていた言葉だ。今回の選挙をめぐる「世論」や投票行動によって示された「民意」を想起すると、知人が発した劇薬のような呟きを「悪い冗談」として軽々しく呑み込むことができない。おまけに、原発政策を手放せない者たちが議席を独占し、どさくさまぎれに自衛隊へのオスプレイ導入論が浮上した。この潮流を「右傾化」と総称し片づけることは簡単だ。また、今日この国に蔓延する社会的性格を、エーリッヒ・フロムの「権威主義的性格」という概念で厳しく追及することも可能である。

「権威主義的性格」とは、マゾヒズム的努力とサディズム的努力が支配する社会的な性格のことを言う。前者は、超越的な力（他者）に没入し、自らの決断と責任から解放され安定を得ようとする努力である。後者は、支配の対象（他者）を発見し、その支配こそが「自他ともに最善の方法である」とするなどの正当化に払われる努力である（『自由からの逃走』、東京創元社、一九六五年）。この二つの努力はともに、他者を欲するという意味で矛盾せず共棲しあう。力をもつ者に身を委ねつつ、「弱さ」を発露する者につけ込み支配を正当化する。フロムによると、とりわけ社会に対する不安や自身の孤独感、無力感に苛まれる者ほど、この二つの努力に傾倒していくのだという。愛国心と仮想敵は、自らの無力感を克服するための合理的なカムフラージュである。

だが、今回の国政選挙の結果を詳細にみると、日本という国民国家の社会的性格を「権威主義的性格」という言葉だけで説明することはできない。五九％という過去最低の投票率を見ると、どのような「努力」も払われたとは思えない。むしろ、そこから垣間見えるのはE・ノエレ＝ノイマンの言う「沈黙の螺旋」という現象ではないか。たしかに、人は「世論」という「風土」を先取りする。そのとき、自身の考えが受け容れられるという確信をもつと意見を表明するが、確信をもてない場合は黙り込む。たとえばマスメディアが足並みを揃えて報じた「自公圧勝」の事前予測は、〈優位／劣位〉の「風土」を作り上げる。優位性を確信した人々はますます発言し、他方はますます黙る。そうなると「知覚された多数派」は実際よりもはるかに多く見積もられ、沈黙は螺旋状に増殖していく。今日「世論」という装置が支配権を握ってしまった。それはいつ・だれが発言し、沈黙すべきかを統制し、人々から世評や討議の機能を奪い取ってしまう。つまり「世論」は沈黙を絡め取りながら社会的な統合の機能を作動させる。

沖縄にいたってはどうか。保守系候補者らが「普天間基地の県外移設」「辺野古移設困難」を表明する仲井眞弘多沖縄県知事と歩調を合わせることで、普天間基地の問題が争点の周辺へと追いやられた。(註2) 普天間基地の問題に関して沖縄保守が主導する〈オール沖縄〉という運動型の世論は、意外にも同問題に関する思考と討議を停止させた。さらにこの党派的なオール沖縄は、沖縄への自衛隊の配備強化問題を不問にしたままだ。沖縄保守の先陣に立つ翁長雄志那覇市長は「ぼくは非武装中立では、やっていけないと思っている。集団的自衛権だって認める」と断言した(「朝日新聞」二〇一二年十一月二十四日)。新政権のもとで内閣府兼復興政務官に就任した島尻安伊子参議院議員も「沖縄振興は沖縄のためだけでなく国防上も絶対必要だ」と明言した(「琉球新報」二〇一二年十二月二十八日)。党派的なオール沖縄が、討議の停止と沈黙の増殖によって社会的統合の機能を潜在的に作動させていることを忘れてはならない。沖縄における党派的な大運動が、国防という「善意」を準備し「沈黙の民意」を献上する兆候はないか、今後も注視する必要がある。

オール沖縄に依拠しようがしまいが、いずれにせよ沖縄の今後のあり方に関する討議が十分になされたとは言いがたい。冒頭で述べたように、抑圧の権力構造が個人のミクロな行為遂行の積算であるならば、それは未決性と不確実性を孕んでいる。よって、沖縄のあり方に関する討議も、ミクロな政治的コミュニケーションの回路として開かれねばならない。だが、その回路が広範で多様な人々に開かれたパブリックな空間だとしても、そこはドゥルーズ＝ガタリが言うような平滑空間で快適に過ごすことができるコスモポリタンの専制の場であってはならない。なぜなら、その回路は沖縄固有の歴史性、共同性、関係性に基づく様々な条里空間へも開かれているからだ。その「柵」のような空間を認識することで、自他のあり様に基づいた多様な政治的討議が可能となる。

無論、その討議の回路は単純な共同体再建論の場となってはならない。むしろ、それは党派的なオール沖縄に回収され、日本の多文化ナショナリズムに加担する可能性がある。ここで再びドゥルーズ＝ガタリの表現を使うならば、沖縄は〈n－《マイナス》1〉の想像力でたえず編み直されねばならない。総体、統一体としてのn（オール沖縄）は中心・中枢から発せられる特権的なコードによって、内なる楔を取り払おうとする。一方〈n－1〉の思考は、統一体の内部にたえずマイナスの分割線を引き直す契機となる。それは中心からの派生や末端を生み出すための補完作業ではなく、〈存在のあいだ〉への想像力を喚起しつづける解放的な思考である。よって〈あいだ〉へのたえざる思考は中心の脱コード化を繰り返し、nに関する問いを多様なあり方へと開いていくのである。沖縄は、その〈あいだ〉とのたえざる出会いにおいて自立的な思想を発明しなければならない。それはオール沖縄を脱領土化する試みであるが、新たな力の様態と出会うことでより硬質な地層を積み上げていく試みでもある（『アンチ・オイディプス』河出書房新社、一九八六年）。

また〈n－1〉の思考は、仲里効の「内的境界」の喚起力へと読み替えることもできるだろう。〈反復帰論〉における「継ぎ目」の問題と吉本隆明の「異族論」を反芻した仲里は、両義性や異集団との接触（出会い）を思想化する試みとして「内的境界」の視座を提起した。それは、植民地主義が交差するところの他者との境界をたえず経験していくことで、グラフト（接木）的なる擬制を終わらせるための思想的拠点である（「内的境界と自立の思想的拠点」『〈復帰〉40年の沖縄と日本』、せりか書房、二〇一二年）。沖縄は植民地主義を経験し、現在もその途中にあり、いまだに終わりは見えていない。しかし植民地主義的な経験のもとで登場したあらゆる境界をタブー視せず、あえて思想的な資源として積み上げる時がきているのではないか。

昨年十月十九日の米軍兵士夜間外出禁止令の発令直後、コザの街では青年会を中心に夜間巡回のための自警的組織が結成された。それは米兵を監視することが目的なのだが、意図せざる結果として米国《アメリカ》系沖縄人《ウチナーンチュ》をまなざしによって抑圧する可能性がある。なぜなら、米国系沖縄人は、沖縄社会において容貌を通して抑圧されてきたからだ。地域社会において沖縄人と米兵との対決が顕在化していく現在だからこそ、米国系沖縄人と出会い、かれらの声を聞きとる必要がある。そのとき求められるのは、コザの街の歴史的喚起力なのだ。

コザの街に限らず、沖縄戦と米軍統治を経験してきた沖縄だからこそ、何者とも出会わない表層的な「善意」や「世論」を超えて、自らの舗装道を敷き直すことができるはずである。

（註1）オスプレイの強行配備により県民感情が沸点に達するなか、二〇一二年十月、コザの街において、米海軍兵二名によって沖縄人女性が集団強姦致傷を受けるという事件が発生した。この事件から三日後、在日米軍は全ての在日米軍兵に夜間外出禁止令（外出禁止時間は午後十一時から午前五時まで）を発令したが、翌月には、読谷村において、泥酔した米軍嘉手納基地所属の兵士が、就寝中の男子中学生の自宅に押し入り、顔を殴るなどの怪我を負わせ、テレビなどを破壊した。事件は午前一時ごろに発生しており、夜間外出禁止

令の効力がほとんど働いていないことを露呈した。

それにもかかわらず、コザの事件から四ヶ月、読谷村の事件からは三ヶ月ほどで、夜間外出禁止令が段階的に緩和されている。自民党政権が復活し、安倍晋三政権が誕生して、わずか二ヶ月後のことである。いわゆるオフ・リミッツ（米兵の住民地域への立ち入り禁止令）は、これまで住民の反基地運動が高まると、幾度となく発令されてきた。なぜなら、それは、米兵を商売相手とした人々が経営難に陥り、反基地運動の人たちと対立させられ地域が分断されていくという分断統治の技法だからである。

このような統治の技法は、今日でもある程度有効に作動する。二〇一四年四月二十七日に投開票が行なわれた沖縄市長選挙で、保守系無所属で立候補し当選を果たした桑江朝千夫氏は、基地周辺繁華街の客足が減っていることを理由に、オフ・リミッツの一部解除を米軍に要請していくことを早々と表明した（「沖縄タイムス」二〇一四年四月二十九日）。

（註2）仲井眞知事と沖縄県の保守系議員らが普天間基地の「県外移設」を公約に掲げ、移設問題そのものが後景に退き、「争点ずらし」となったことは確かである。その結果、かれらが植民地における政治エリートとしての地位を確保しつつ、二〇一三年十一月以降に次々と「辺野古移設承認」へと転換したことは、もはや「公約違反」ではなく、「公約偽装」と言っても過言ではない（本書「沖縄からの報告48」一八六―一九三ページ参照）。

第二部

知念ウシ

沖縄人の命のためのフェンス行動

（沖縄からの報告37・二〇一三年三月号）

二〇一三年二月六日午前八時すぎ、子どもたちが学校に行って、ちょっと一息、外を見ると大きな煙が。屋上に昇って確認すると、我が家から北、浦添市方向、すなわち、普天間基地方向に大きな煙がもくもくと上がっている。近くの通りを消防車がつぎつぎとそこを目指して走っているのも見える。交差点付近では、徐行するように他の車に呼びかける消防車、パトカーからのマイクの声が響く。ウーウーウー、カンカンカンとうなるサイレンは南東の方角からも聞こえてくる。まるで、私が住んでいる那覇じゅうの消防車がそこに向かっているかのようだ。連れ合いが言った。

「オスプレイ、落ちたんじゃないか」

うそ、まさか、やっぱり。

こういうときって、もっとパニックになると思っていた。しかし、私は心臓がドキドキするとか、目の前が真っ暗になるとか、そういうことはなかった。でもどこか、感じるところが機能停止しているかのように、冷静に淡々と「カマドゥー小《ぐゎー》たちの集い」（以下「カマドゥー」と略す）と新聞記者の友人に連絡した。カマドゥーの仲間のほとんどは、普天間基地のすぐ近くに住んでいるから、心配だった。

墜落した機体でなにか被害を受けていないか。直撃でなくても、二〇〇四年、沖縄国際大学にCH53D型米軍ヘリが落ちたとき、部品に使われていた放射性物質ストロンチウム90が空中で燃えたという。オスプレイだって、何でできているかわからない。今回もそのようなものや有毒ガスなどがオスプレイから漏れたら、住民は逃げないといけない。私の住んでいるところはちょっと離れているとはいっても、風向きなど、どうなっているのか。原発事故みたいだ。そして同時に、私はその日の午前中に、私が墜落現場だと想像した地点近くのカフェに原稿書きに行く予定だった。

「ああ、今日はもう行けない。だったら原稿どうなるんだろう。締め切りに間に合わなくなったらどうしよう」

こんな心配をしている自分がこの状況には不似合いな気がした。しかし、では、似合うあり方とはなんだろうと考えてみたが、よくわからなかった。

新聞記者は「そういう情報はまだ入っていないけど、調べてみる」と言った。しばらくして、電話がきて、火事らしいとのこと。そして結局、アパートの一室が全焼する火事で、怪我人なしということだとわかった（消防車一三台、パトカー八台が駆けつけたそうだ。「琉球新報」二〇一三年二月七日）。それでまたカマドゥーに連絡を回して、無事を確認し合った。

今回は、「心配性」の私の「空騒ぎ」だったんだろうか。

立春を迎え、私の住む沖縄島は、空気の透明度が増し、空が高くなってきた。晴れた日の空の青さも雲の白さも輝きが戻ってきた。どんより重く立ちこめる厚い灰色の雲の日が少なくなった。もちろん、これから暖かい季節へと移っていく間に、ニンガチカジマーイという風の強い日や、ムドゥイビーサ、ワカリビーサというとても寒い日がまたやってくるのが沖縄の暦だ。しかし、空気の色が変わり、遠くまで鮮やかに視界が広がり、寒い季節は確実に終わりつつある。やっぱり正月なんだと実感する（今年の沖縄正月は二月十日）。

私の家の北側の窓からは、琉球八社の一つ末吉宮をいただく「末吉の森」という丘陵が続いているのが見える。その森の上に入道雲のように大きな煙がふたつ昇り、風がそれをちぎって流していったのだ。沖縄正月に向かう、風の冷たいグレイの日々から解放されつつある、初々しく光の通る景色のなかで。

「オスプレイの恐怖」とは具体的にはこういうことなんだな、とわかったような気がした。そしてそれはこれからも続くのだ。本当に墜落しようがしまいが。私たちの空を飛ぶ限り。

本欄前回（二〇一二年十二月号、三八―四五頁）に書いた通り、カマドゥーでは、普天間爆音訴訟団と一緒に毎週金曜日と土曜日、午前十時から正午前まで、「沖縄人の命のためのフェンス行動」というのをしている。

カマドゥーはオスプレイが昨年十月一日から普天間基地に配属される前後は特に盛んに風船をあげたり、米兵にアピールしたり、座り込んだりして、基地周辺で抗議活動をしてきた。十月二十日、カマドゥーも参加している普天間爆音訴訟団の原告を中心に「オスプレイNO！『諦めない』緊急の集い」という集まりをもった。字で見てイメージをすぐもてるように、わざと「諦めない」という漢字を用いた。裁判で「国」を訴えるというのは、楽なことではない。かなりの強い思い、決意がないとできないことだ。そういう住民だからこそ、「オスプレイ以後」の状況に対して、何かやりたいと思っているはずだ。そういう互いの顔をじかに見て、思いを共有し励まし合い、次に何をやるかを共に考え、取り組みたいと思ったのだ。そこで普天間基地周辺の住民として、カマドゥーから「普天間飛行場は世界一危険な空港だと言われているが、逆手に取れば生活している私たちに囲まれている。それを強みにいろんなことができればと思う」と呼びかけた（「沖縄タイムス」二〇一二年十月二十八日）。

そして基地の「フェンス」に働きかける活動、凧揚げ、風船、赤や黒のリボン結び、英語のメッセージボードの貼りつけ、赤い旗をつけた竹竿の括りつけ、米兵への語りかけ、座り込み、などすべての活動を「フェンス行動」と呼ぶことにした。カマドゥーだけではなく、多くの市民が参加できるように、週末金・土曜日の午前十時から、という活動の定例日を設け、「沖縄人の命のためのフェンス行動」と名づけた。「フェンス」にこだわったのは――いや、こだわらされているのは――、もう、多くの沖縄人にとって、「当たり前」になってしまった金網、地続きであるはずの土地を私たちが生まれる前から私たちと隔てる金網を、実際に触り、リボンを結ぶなどして可視化し、このフェンスは動かせる具体物であること、それが盗もうとしてきた土地は私たち沖縄人のものであることを確認するためだ。

それ以後、毎週活動している。リボンやガムテープで金網に大きく「×」の形をつくって貼ったり、同様に「出ていけ」「NO BASE」「怒」「要らない」「もういやだ」の文字をつくったりする。「交通事故多発地帯」と赤ペンキで書かれた電柱の剝げかかった「交通事故」の部分を赤いガムテープで「米兵事件」に書き変えたりする。“Outrage”（怒）“You are surrounded by our anger”（あなたたちは私たちの怒りに取り囲まれている）“We have a dream of NO BASE here”（私たちには夢がある。ここから基地がなくなるという夢が）等の英語のメッセージボードもくくりつける。

これらは、その後一日か二日で米兵や警備員に外されてしまうのだが、また次の週には復活するのだ。カマドゥーの一人が「基地についた赤いカビみたいだね」と言ったが、そのように、どんなに排除されても、繁殖している。車で通りがかるとクラクションを鳴らして賛同を表わしてくれる人、「ご苦労さま」「ありがとう」と道行きながら声をかける人、飛び入り参加する人、窓から手を振る人、「ほら」と缶コーヒーをくれる人もいる。「前から気になっていて」という大学生も時々やって来る。

二月二日、安倍晋三日本国内閣総理大臣が就任後初来沖した。普天間基地を視察するというので、カマドゥーも抗議しに行った。いや、首相が「県民の声に耳を傾ける」というのだから、「招待」されてそこへ声を届けに行ったのである。それなのに、首相が登る展望台へと続く道は立ち入り禁止。行こうとすると、宜野湾市の公園課が「借り上げですから、行けません」という。公立の公園を借り上げるってどういうこと？「どこが、いくらで借り上げてるの？」と聞いても答えない。

他のグループや市民も展望台のある嘉数高台公園のふもとからシュプレヒコールをあげて抗議した。カマドゥーにもマイクが回ってきた。そのとき、シュプレヒコールの音頭をとると思われたのか、周囲がそれを待って静かになった。それで、「あ、すみません、そうじゃなくて、ちょっとお話しさせてください」と始めた。

「自分の地元だけを大切にする姿勢は総理としておかしい」

「安倍総理、オスプレイはあなたの地元、山口県の岩国基地へ持って行ってください」

「『沖縄差別』でないと言うなら行動で示すべきだ。岩国基地で引き取れば、あなたはお祖父さん（故岸信介氏）を超える政治家になれる」

この声は安倍首相のいる展望台まで届いたそうだ（「沖縄タイムス」二〇一三年二月三日）。

このとき、マイクを握ったカマドゥーのメンバーがもっと言えばよかったとあとから思ったことは以下の通り。

「岩国基地では正月三が日は紳士協定で軍用機は飛んでいないそうですね。しかし、沖縄では飛んでいる。さすが、総理の地元です。米軍も配慮して協定を守る。沖縄では守らない。やっぱり、普天間基地は総理の地元に持って行ったほうがいいですよ。そのほうが協定を守って運用されるから」

「岩国の防衛局の人は優秀ですね。ちゃんと米軍に協定を守らせている。沖縄にも防衛局はあるけど、そういうことはできません。米軍が協定違反しても、聞こえていないし、見えてないし、関知しない。総理の地元に置いた方が防衛局もちゃんと仕事をするんです」

「沖縄は国土面積比〇・六%に在日米軍基地七四%です。総理、山口県は何%かご存知ですか。山口県の面積は沖縄県の二・七倍なんですけど、米軍基地は二・六%なんですよ」

今回の安倍来沖を受けた沖縄社会の変化は、首相の選挙区の山口県岩国基地へオスプレイ、普天間基地を持って帰れ、という世論が出てきたことだ。カマドゥーでも、「沖縄人の命のためのフェンス行動」で「普天間基地は岩国へ」というボードを掲げている。カマドゥーがこのような主張に踏み込んだのはなぜか。

これはただ、安倍首相が山口県選出だからと言っているのではない。以前本欄にも書いた「なぜ、岩国×で沖縄は〇なのか」という問題があるからだ（二〇一二年六月号本欄、一七一―二九頁）。例えば昨年二月、米側から在沖海兵隊の岩国への一部移転が打診されたさい、日本政府はすぐに断った。玄葉光一郎外相（当時）は岩国市長に「お願いするつもりはないので安心してほしい」と述べた。八月には森本敏防衛相（同）がオスプレイ一時駐機中の山口県知事に「大変な心配、迷惑をかけ申し訳ない」「沖縄への安定的な展開のためだ」と述べた。十月には長島防衛副大臣（同）が岩国市長に「約二か月にわたり、岩国に留め置くことになり、負担と不安を与えてしまった。心配をおかけし、おわび申し上げたい」と述べた。さらに、森本防衛相が退任直前に海兵隊施設は「軍事的に沖縄でなくてもよいが、政治的には沖縄が最適」[註1]と述べた。そしてそもそも普天間の海兵航空団司令部は一九七六年に岩国から沖縄に移転してきた。ここから見えてくるのは、日本政府はもう「沖縄人の命を守らない」というレベルの話ではなく、米国や（仮想）敵国に「私たちの命を差し出している」ということなのではないか。だから、勝手に命を差し出された私たちは、自分や次世代の命を守るために、ありとあらゆることをやらなければならないのだ。

カマドゥーでも、特定の場所を指す固有名詞を使いたくはない。しかし、もう

「言わないと私たち、殺されるんだよ」

私たちは言わさせられている。

安倍首相はオスプレイが、普天間基地が、そんなに必要なら、まず自分の選挙区に引き取るべきだろう。そして山口県民は安倍首相のみならず、岸信介、佐藤栄作らの首相を出し、日本の戦後安保体制をつくり支えてきたとはいえないだろうか。そのことを県民自身はどうとらえているだろう。近代日本国家は琉球国を武力併合し国家づくりの犠牲にして成立した。山口県は長州として近代日本のリーダー的存在である。沖縄戦、現代の差別と、沖縄を犠牲にするシステムは続いている。こんな日本、日本人のあり方を山口県民はどう考えているのか。琉球人としてぜひ聞いてみたい。

ただ、このことを、沖縄県（民）vs山口県（民）とされ、他の四十五都道府県の日本人が自分の問題ではないと、高見の見物をするのなら、それは違う。もし、在沖基地が例えば佐賀空港や茨城空港、他の自衛隊基地等に移されるとなっても、カマドゥーは反対しないだろう。他の日本人にもこれまで

の通り、「自分のところに引き取って、持って帰って、自分でなくしてくれ」と言い続けるだろう。山口県民も自分のところに引き取るのがいやだとか、これ以上の負担はしたくない、とかというのなら、沖縄に押し戻すのではなく、沖縄以外の四十五都道府県に負担を求め、安保がなくなるまで自分たちで減らすなり、なくすなり、なんとかしよう、と呼びかけてほしい。

（註1）森本敏防衛相（当時）の発言は以下の通り。

「かつては一九九七年頃、我々は『米軍再編計画』と言って、『リアライメント』という考え方ではなくて『リバランシング』というふうに言っているのですが、そのリバランシングの態勢として沖縄にもMAGTF（＝「海兵隊がもっている三つの機能、地上の機能、航空部隊、これらの支援部隊をトータルでもっている海兵隊の空地の部隊」のこと――筆者）を置こうとしているということです。これは沖縄という地域でなければならないのかというと、地政学的に言うと、私は沖縄でなければならないという軍事的な目的は必ずしも当てはまらないという、例えば、日本の西半分のどこかに、その三つの機能を持っているMAGTFが完全に機能するような状態であれば、沖縄でなくても良いということだと。これは軍事的に言えばそうなると。では、政治的にそうなるのかというと、そうならないということは、かねて国会でも説明していたとおりです。そのようなMAGTFの機能をすっぽりと日本で共用できるような、政治的な許容力、許容できる地域というのがどこかにあれば、いくつもあれば問題はないのですが、それがないがゆえに、陸上部隊と航空部隊と、それから支援部隊をばらばらに配置するということになると、これはMAGTFとしての機能を果たさない。したがって三つの機能を一つの地域に、しかも、その持っている機能というのは、任務を果たすだけではなくて、必要な訓練を行う、同時にその機能を全て兼ね備えた状況として、政治的に許容できるところが沖縄にしかないので、だから、簡単に言ってしまうと、『軍事的には沖縄でなくても良いが、政治的に考えると、沖縄がつまり最適の地域である』と、そういう結論になると思います。というのが私の考え方です」（森本敏防衛大臣会見概要より、二〇一二年十二月二十五日、防衛省記者会見室において、http://www.mod.go.jp/j/press/kisha/2012/12/25.pdf、二〇一四年六月三日、最終確認）。

（沖縄からの報告40・二〇一三年六月号）

ギブアップ　フテンマ！

しつこいけれど、一九九六年四月十二日は日本の橋本首相とアメリカのモンデール駐日大使が普天間基地の返還を発表した日だ。当時は五年から七年で返還ということだったが、それから十七年たっても実現されていないのは周知のとおり。このようなあまりの約束違反に慣らされるのを拒否して、今年（二〇一三年）も「返《けー》すんでぃ言ちゃさに、なますぐ返《けー》せー（返すといったじゃないの、いますぐ返して）」と確認し要求する取り組みを、普天間爆音訴訟団、命《ぬち》どぅ宝、さらばんじの会、ウーマクカマデーの会とカマドゥー小《ぐゎー》たちの集いでもつことにした。

私たちは「ギブアップ　フテンマ！　普天間基地を諦めなさい」と言うことにした。「返還の約束を守れ」では、相手のアクションを期待するようで適切ではない。日本の警察に守られてしか維持できなくなっているのが基地の実態で、もはや向こうには選択肢はない。だから「あきらめて、手を離しなさい」と。ちょうど、アニメ「北斗の拳」での主人公の決まり文句、「お前はもう死んでいる」のイメージだ。

四月十三日午後二時、普天間基地大山ゲート（米軍はGate No. 1と呼ぶ）と（日本）国道五八号線のあいだにある「友好広場」という不思議な名の公園で集まった。四〇人が参加し、そのうち何人かが挨拶して、その後、オバマ大統領をはじめ在沖米総領事、在沖米四軍調整官、普天間基地司令官宛の要求書の日本語版を読み上げ、皆で確認した。そしてゲートへ向かってゆるやかな坂道を登り始めた。すると、警察が飛んできて言う。

「デモの申請が出てないからダメです」

「デモしてませんよ、歩いてるだけ」

私たちが答えたら、なにも言わなくなった。ゲート前には、県警の大きな装甲車が二台停まっていた。私たちはそのあいだを抜けてゲートの金網の前に立ち、「要求書を持ってきたので、取りに来てください」と呼びかけた。警備員も憲兵隊も反テロ対策室も来ているのに、誰も取りに来なかった。仕方ないので、要求書をマイクを通して読み上げた。そして後日郵送することにした。その英語原文は一一九頁、要旨は以下のとおり。

県内移設条件つきの日米合意は無効で、固定化も不可能である。普天間基地を諦めて返還せよ。基地の土地はあなた方が沖縄人から盗んだもの。その犯罪を正す第一歩が普天間基地返還だ。移設が必要なら日本本土へ。「平和の礎」には米軍人一万四〇〇九人も刻銘されている。あなた方の行為はその沖縄のチムグクル（真心）に値するか。あなた方の基地は沖縄人の激しい怒りに囲まれている。沖縄は沖縄人のものだ。

ギブアップ　フテンマ！　原文

To: President Barack Obama
Alfred R. Magleby, US General Consul, Okinawa
Lt. General Kenneth J. Glueck, Okinawa Area Coordinator
Colonel James G. Flynn, Commander, US Marine Corps Air Station, Futenma

Give Up Futenma! In 1996, the Japanese and US governments announced that they would return Futenma Base to us in 5 to 7 years. Now, in 2013, they say they will return it after 2022. But no matter how many times the "Japan-US Agreement" is repeated, so long as it contains the condition that the base be relocated within Okinawa, it has no validity. Okinawa's will is clear. To keep the base in Okinawa is impossible. This is obvious from the fact that now it can be kept in operation only under police guard. Give up the base and return it to us now.

Originally the land on which the bases are located is land you stole from us, in the confusion caused by the Battle of Okinawa. Some of the land was taken while the Okinawans were kept in concentration camps; some was taken by forcing the residents off with bulldozers and rifles. Later, Japan arbitrarily approved this theft. This crime must be atoned for. The first step: return Futenma Base. If it must be relocated somewhere, the obvious place will be "mainland" Japan, which makes up 99.4% of the national territory, and whose people chose to support the Japan-US Security Treaty.

In 1995 Okinawa Prefecture built the Cornerstone of Peace monument in Itoman. The names of the some 200,000 people killed in the Battle of Okinawa are carved there in stone. Included are the names of 14,009 US soldiers. These are soldiers of the "enemy country" which not only killed us during the war, but also for 27 years of US military rule kept us in the condition of rightless persons, and has continued to deprive us of our rights after Okinawa was "returned" to Japan after 1972. Still we have carved their names in stone and mourn for them, as we do for the Okinawan dead and the dead of all other nationalities. Have you ever thought about this Okinawan heart? Do you, who treat Okinawa as a trophy of war, deserve this Okinawan heart?

Your bases are surrounded by Okinawa's outrage. They have been for 68 years. This outrage is supported by our will to protect the lives of our next generation.

Today's Okinawa is a precious land built by the generation who survived the war, survived the years of American military rule and, resisting oppression, clung to the Okinawan maxim, nuchi du takara: Life is a Treasure. Okinawa does not belong to America or Japan. Okinawa belongs to the Okinawans. Can you understand the injustice - the weakness - of forcing bases on Okinawa?

Give up Futenma! You said you would give it back, so DO IT!

"Give UP Futenma!" ad hoc committee

その後、参加者が金網に赤いリボンやひも、テープなどをつけた。この日は今春中学生になった息子も来ていた。学校が変わってちょっと不安なのか、最近なにかと私にくっついてくるのだ。

その息子が言い出した。

「アンマたちさー、こんなことやって、なんか意味あるわけ？　まったくシカトされてるやし」

「そんなことないよ。ほら、セキュリティー（警備員）がたくさん出てきてるでしょ。その奥に米軍がいる。米軍ってさ、ウチナーンチュの警備員に守られてるんだよ。セキュリティーに守られる軍隊ってなによ。これで世界最強の軍隊だば？」

「ふ〜ん。でも、オレさー、大きくなったらアメリカ国籍取って、米軍になって、基地のなかに住みたい。だって、基地のなかのほうが広いさー。ゆったりしてて。絶対いいよ。オレ、基地のなかに住みたい」

「はー、基地が広いのは、沖縄人から土地奪っているからさ。はっせ、あんた、基地のなかに住んだら、ゆったりしてても、沖縄の人に怒られたり、軽蔑されたりしてるんだのに、いい気持ちでは住めないよ。もしそうなったら、アンマ、金網の前に来て毎日シュプレヒコールするからね、『軍隊やめなさーい。早く帰って来ーい』って」

息子はふふんと鼻で笑った。私はちょっとショックだった。しかし、親の嫌がることをこんなに的確に言えるというのは逆に考えがちゃんと伝わっている証拠だ、と思うことにした。

ゲート前のフェンスが赤いひもやテープで真っ赤になり、最後にウーマクカマデーの会の一人がマイクで“Give up Futenma! We never give up. You, give up!”と米軍に繰り返した。

次の週、また普天間基地の金網を赤くする行動をしに行った。私が着いたときには、カマドゥーは五人しかいなかったが、米軍の兵士が二〇人、事務員が三人、反テロ対策室も二人、金網の内側に来ていた。そして、金網越しにぴったり立って、私たちが赤いひもやテープを金網につけるとすぐに、はさみやカッターで内側から切っていくのだ。私たちは素手でやっているのに、相手は刃物で。赤いひもの束を手に持っていると、網のあいだから指を伸ばしてきて、ひもをひっぱり取る米兵もいた。私たち一人に対して、フェンス越し正面に米兵二人、金網のこちら側で隣に日本警察がぴったりついてくるときもあった。そして米軍反テロ対策室が私たちをビデオで撮影する。一人の米兵が私を指して「彼女、新顔だよ。ほら、撮影したら」と促し、撮影者が「いや、この前もいたよ」と話しているのも聞こえた。私も携帯電話のカメラを向けて相手を撮った。そしたら、「こいつら、いつもそうやって俺たちを撮ろうとするんだよな。ハロー、ハロー」と手を振る。

あいだに金網があったとはいえ、米兵とこんなに近い距離にいたのは初めてだった。私の隣にはさらに日本の警察もついている。私は人間の肉体というものを感じた。そして国家権力とは、なにか抽象的なものではなく、こんなふうに肉体をもった人間を通して行使されるものだと実感した。

「全然シカトされてないよ。こんなに嫌がられて、でーじ効果あるやし！」

大山ゲート前で息子が言った言葉を思い出し、つぶやいた。

あるとき、私の目の前に黒人の男性兵と白人の女性兵が来て、私が結んだひもを切り始めた。二人とも私を無視して英語で世間話をしている。黒人兵は〝オー、ジーザス！〟と鼻歌も歌いだした。ジーザスを信じている人は私の仲間にもいるんだけどな、と思いながら、私はなにか人間扱いされず侮辱されていると感じた。それで、とっさに私も歌いだした。すぐ口に出てきたのは、「ちんぬくじゅうしい」という私が子どもたちによく歌っていた沖縄の子守唄だった。例えば一番はこんな歌詞だ。

アンマー　薪《たむ》のー　煙《きぶ》とんどー
煙《きぶ》しぶ煙《きぶ》さぬ　涙《なだ》そーそー
ヨイシーヨイシー　泣くなよ
今日《ちゅう》ぬ夕飯《ゆうばん》　何《ぬー》やがてー
ちんちん　ちんぬくじゅうしいめー
（お母さん　薪が煙たいよ　煙が煙たくて涙がぼろぼろ　よしよし泣かないで　今日の夕飯は何かな　里芋の炊き込みご飯だよ）

私は次々に歌った。「いったーアンマーまーかいが」「耳切《ち》り坊主《じ》」「赤田首里殿内《すんどぅんち》」、八重山民謡の「月《ちち》ぬ美《かい》しゃ」、そして祖父から教えてもらった歌も。彼らから自分のスペースを取り返したかったこともある。同時に、沖縄にはこんなきれいな歌があるんだよ、私たちはこういう歌をもっている人々なんだ、沖縄はこういう土地なんだよ、と歌を通して伝えたかった。すると、私の前にいた二人は静かになって、ちがうところへ行った。ほかの白人兵もそうだった。私が歌を歌うと、気まずそうにさっといなくなる。なにかが伝わっている気がした。

十九歳ぐらいでニコニコして、ひもを取ろうとしない米兵がいた。名前の刺繍を見るとヒスパニック系だった。私は思わず話しかけた。

「ねえ、あなたさー、もう国に帰ったほうがいいよ。私たちは七十年近くもこんな目にあっているけど、諦めてないんだよ。わかるでしょう。もう無理だよ。米軍はここにいられないんだよ。あなたも国に帰って別の仕事探したほうがいいよ」

彼はえ？　え？　と耳を寄せてきたが、私は英語で言い直さず、ずっとそんなふうに言い続けた。

また、「英語わかりますか」と日本語で話しかけてくる米兵もいた。私が黙っていると、彼は「日本語わかりますか」と聞いた。私は表情を変えずに彼を見つめ続けたが、もし私が日本語がわからなかったら、と一瞬想像してみて、なにか解放感のようなものが湧いてきたので、その感覚に浸っていた。すると、彼は独り言のように言った。

「わかります。I love Okinawa. わかります。私の仕事ダメね。Military ダメね」

カマドゥーメンバーは英語や琉球語、日本語で、以下のようなことを米兵に呼びかけ続けた。

「うまぬ土地《とぅちぇー》わったーむんどぅやんどー。へーくなー、出《んじ》てぃ行きよー（この土地は私たちのものだよ。早く出て行きなさい）。オスプレイん基地んかたみやーに、出《んじ》てぃ行きよー（オスプレイも基地も担いで、出て行きなさい）。いったーや、みっくゎささっとーるすんどー（あなたたちは憎まれているんだよ）」

興味深かったのが、This is our land と言ったら、米兵が This is my fence と答えたことだ。「君たちの土地ではあるが、これは僕のフェンスだ」という意味なら、「フェンス」の意味、機能を自ら暴露している。それは彼らが私たちから土地を奪い、私たちを排除するものなんだと。

結局、この米兵との「攻防」は五時間も続いた。

こんなふうに米兵と直接やりあうことで、私たちもちょっとショックを受けた。なので次の週は休もうかという話も出た。しかし、ここは続けることが大事ではないかと休まないことにした。

それから、いままで、私たちのフェンス活動は続いている。米軍のほうは警備員と反テロ対策室のストラップをかけている二人はやって来るが、兵士は出て来ていない。

フェンスぬ島小《しまーぐゎー》やさやさやさやさ

（沖縄からの報告43・二〇一三年九月号）

＊七月二十六日「琉球弧のシマンチュゆんたく講座　在日沖縄人運動の今日的課題」＠宜野湾セミナーハウス

本村紀夫さんのお話を聞いた。

本村さんは、国会爆竹事件やその後の「うちなーぐち裁判」に関わった方だ。もうひとり中心的な存在だった真久田正さんは今年（二〇一三年）お亡くなりになった。真久田さんと私は「県外移設と琉球独立」をめぐって論争の途中(註1)でもあり、いつもにこにこタバコをふかせていた真久田さんの急死がショックだった。先輩方とは日ごろからもっともっとお話しておくべきものだとしみじみ思った。

本村さんのお話で興味ぶかかったのは、国会で爆竹を鳴らすことを企画した在京の沖縄青年同盟の事務所に通って一週間で、これに参加したことだ。二十代前半のときだったそうだ。また、国会で逮捕され、その公判でウチナーグチを使ったため、「うちなーぐち裁判」と呼ばれているわけだが、実際はそんなにウチナーグチを使っていないと。なぜなら、ちょっとしゃべっただけで、裁判官が自分の悪口を言われていると思って怒り出し、「退廷！」「監置！」と大騒ぎになったからだそうだ（いまでも、私たちがウチナーグチで話すと自分の悪口を言われていると思って怒り出すヤマトゥンチュは多い。あまり変わっていないんだなあ)。

本村さんにこれまで取り組んできた在日沖縄人活動を振り返って、よかった点と、今後に生かすべき点は何かと私は質問した。本村さんが一番よかったこととして即答したのは、「ゆうなの会」という在日の沖縄青年の自助の会をつくったことだった。そこには四〇〇人ぐらいの在日沖縄人が集い、そのなかから一〇〇組のカップルも誕生した。沖縄のことを知った沖縄人が沖縄に帰れたことがよかったと。また、今後気をつけていかなければならないこととしてこうおっしゃった。「自分は正しい」と思ってもいいが、「自分だけが正しい」とは思ってはいけない。沖縄の運動のなかの、日本人意識のつよい人々はもう変わらないかもしれないが、沖縄のことを思っている沖縄人の小さないい運動がたくさんある。それらがまとまって声を上げられるようになるために、細くでもつながっていくことが大切だ、と。

本村さんはまた、国会爆竹事件当時の「沖縄青年同盟規約前文」のなかから御自分の好きな箇所を朗読してくださった。以下のとおりである。

「長い抑圧の歴史の中で奪われた沖縄人としての誇りを、自らを解放する闘う主体を確立することにより取り戻すなかから、我々は沖縄解放闘争に決起していく。階級支配の社会での同化政策は、その本質において、差別政策をたくみに強化するものである。社会的存在関係の非和解性の中で、同化＝差別と闘うことなしには差別抑圧された者の、人間の尊厳の回復はかちとれない。我々は日本国民たることを拒否し、自らを沖縄人と呼ぶ。」

＊七月二十七日午後二時～　鄭周河《チョンジュハ》写真展「奪われた野に春は来るか」＠佐喜眞美術館

ほとんどが原発事故後、住民が無人になった福島の土地を撮影したものだった。タイトルの「奪われた野に春は来るか」は植民地時代の朝鮮の詩人、李相和《イサンファ》の詩からとったそうだ。沖縄開催の意義はこうである。
「沖縄という『奪われた野』の人々がこの写真展を見て、福島の、そして植民地朝鮮の人々にどのような想像を馳せることになるのか、そこから新たな連帯の芽がうまれはしないか（略）」（徐京植《ソキョンシク》）
「東アジアで傷つけられたものの『苦痛の連帯』ができないか」（韓洪九《ハンホング》聖公会大学校〔韓国〕教授）
しかし、それらの「期待」に応えるだけの沖縄側からの応答がそのときできたとはいえないだろう。朝鮮の人々が福島の人々へ手を差し伸べる際に経た葛藤やその克服、さまざまな関係性の整理をするためのプロセスやスペースが沖縄人にとってもまずは必要なのだと実感した。むしろその葛藤を見つめ、共有することから始められないだろうかと思った。
アーティストトークでは、沖縄の写真家の比嘉豊光さんが質問した。
「沖縄と福島はちがうと認識しているか。福島の人は撮られることに本当に納得していたか。撮った写真を現場に戻して見せるときの配慮はどうなのか。『苦痛の連帯』というが、だったら、日本人は福島だけではなく、日本じゅうの原発が爆発して放射能だらけにならないと、沖縄人と連帯できないのか」
しかし、これらに対して議論が深まらず、残念だった。しかし、比嘉さんがずっとウチナーグチで発言したのはおもしろかった。私も急遽通訳として、比嘉さんの言葉を日本語にし、それが朝鮮語に

未來社新刊案内

no.021

〒112-0002
東京都文京区小石川3-7-2
TEL03-3814-5521
FAX03-3814-5596
info@miraisha.co.jp
http://www.miraisha.co.jp/

◆小社の最新刊はPR誌「未来」をご覧ください
◆ご注文はお近くの書店にてお願いいたします
◆定価表示はすべて税別です

2014.07

向井豊昭の闘争

異種混交性（ハイブリディティ）の世界文学

岡和田晃 著

時代の閉塞に亀裂をもたらす「怒り」の力を取り戻すため、文学史の闇に埋もれた作家・向井豊昭の生涯と作品を、いま再び世に問う。

四六判並製・二三六頁・二六〇〇円

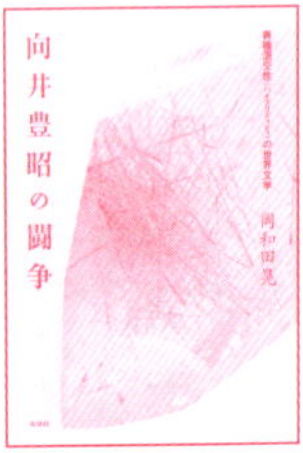

【宮本常一著作集別集】

私の日本地図4 瀬戸内海Ⅰ 広島湾付近

宮本常一 著／香月洋一郎 編・解説

内海の島・沿岸地の町村に生きる人びとが棲み処づくりに注いできた努力と、時代の「今」に向きあった暮らしの変遷を物語る写真二六九枚。

B6判並製・三一六頁・二四〇〇円

脱成長（ダウンシフト）のとき

人間らしい時間をとりもどすために

ラトゥーシュ、アルパジエス 著／佐藤直樹・薫 訳

人間としての豊かな生活とは何か。ラトゥーシュとアルパジエスが「脱成長」のエッセンスを解説し、「成長」からの決別を説く。

四六判並製・一六八頁・一八〇〇円

琉球共和社会憲法の潜勢力
群島・アジア・越境の思想

川満信一・仲里効 編

一九八一年に発表された川満信一「琉球共和社会憲法C私（試）案」。昨今の危険な方向性にたいして強烈なアンチを突きつける。

四六判上製・三〇〇頁・二六〇〇円

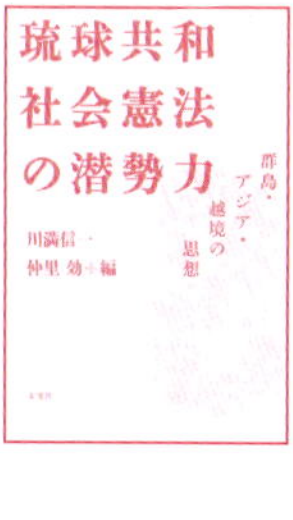

ポイエーシス叢書61

理性の行方 ハーバーマスと批判理論

木前利秋 著

その主著をはじめとする主要著作の思考の射程と可能性を探りその理論の全容をくまなく追尋した亡き哲学徒の渾身のハーバーマス論。

四六判上製・三六〇頁・三八〇〇円

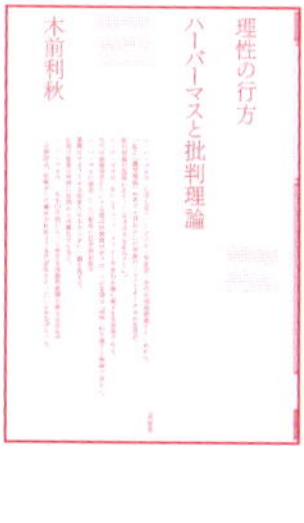

【田中浩集 第三巻】第七回配本

カール・シュミット

カール・シュミットの翻訳を多数てがけてきた著者による総合的シュミット論。その政治思想を構造的に理解しつつ、根本から反論を加える。

A5判上製函入・三〇六頁・六五〇〇円

訳された。ウチナーグチの通訳をしたのは初めてだった。

徐さんは、確かに連帯は困難だが、想像力と長い尺度をもち分裂を乗り越える連帯が必要だと語った。そのとおりだと思う。率直な意見が表明された今回がひとつのステップになるといい。

＊七月二十七日午後七時～「幸地《こうち》朝常《ちょうじょう》の思想」＠Cafe くろとん、琉球館

日本国による琉球国併合当時、琉球国から派遣され当時の清国政府に救国を働きかけていた貴族の幸地朝常（中国名向徳宏《しょうとっこう》）は、清国福建にて亡くなった。その位牌がさまざまな人と土地を経て、一二二年後の今年、位牌継承者の渡久山朝一さんによって、沖縄に帰ってきた。その渡久山さんと歴史家の後田多敦さんのお話だった。

渡久山さんは「日本に支配される琉球には帰りたくない」といっていた幸地を沖縄に戻していいか迷うところもあったそうだ。しかし、在沖基地の「県外移設」を掲げて、沖縄がヤマトゥと正面から対決している昨今、むしろ沖縄の力になってくれるのではないかと帰郷を決断した、何年か前なら、自分もこのようなことを決められなかっただろう、とのことだった。

従来、このような救国運動は、時代逆行的な琉球貴族の守旧運動だと批判されてきた。渡久山さんの話でとくに興味深かったのは、そのことに対しての反論だった。

「植民地にされる側でまず、抵抗に立ち上がるのは支配者層ではないか。国民国家になっていないのだから、一般民衆はまだ、国家、社稷という意識がない。そういう意識をもっているのはむしろ支配者層。植民地にする側が自らに抵抗する者を、古い既得権益にしがみつきそれを守ろうとする守旧派

とレッテルを貼るのは当たり前だ」

「昨今教科書が問題になっているが、沖縄における最大の教科書問題は、琉球の歴史が教えられていないこと。『関ヶ原の戦い』が自らの歴史的ルーツと思ってしまっている琉球人は多い。（中略）琉球の歴史がまるごと簒奪されている」

＊七月二十九日月曜日午後七時〜　カマドゥー小《ぐゎー》たちの集いのキャンドル集会＠普天間基地野嵩ゲート横

オスプレイの一二機追加配備に反対して、普天間基地前でろうそくをともし、意思表示しようと集まった。ペットボトルを加工して、中にいれたろうそくは酸素を取り込みながら、風をよけ、燃えるのだ。以前やったときは、風で消えそうになり、それを見ていた日本人の新聞記者に「みなさんの望みは風前の灯ですが」とインタビューされてしまった。それから格段に進歩して、風に動じない強靭なものとなった。本気の思いは創意工夫を生む。

基地の金網にもペットボトルキャンドルを掛け、まるでクリスマスのイルミネーションのようだった。その前で、参加者が思いを語ったのだが、カマドゥーの一人が次の詩をつくり、暗誦した。本欄でもたびたび書いている「沖縄人の命のためのフェンス行動」に参加をしているときにわきあがってきた詩だそうだ。

「フェンスぬ島小《しまーぐゎー》」

サンサンサンサン　あささーがなちゅん
フェンスぬあまから
サンサンサンサン　わーたーむんどーわったーむんどー
わったーむんどー　なちゅるあささー
フェンスぬくまから　わぬんいーん
やさやさやさやさ　いったーむんやさ　いったーむんやさ
やしがわぬん　いぬ島小《しまーぐゎー》どー
フェンスゆらち　まじゅんうたいん　わーたーむんどー
わったーむんどーわったーむんどー
あささーがわんやら　わんがあささーやら
わーたーむんどーわったーむんどーわったーむんどー
島小《しまーぐゎー》ぬむんどー

てぃーだくゎらくゎら　はーべーるひらひら（ひらひら?）
アオスジアゲハ　ツマベニチョウ　オオゴマダラ
やまとぅ名《なー》ゆびーねー　しらんふーなーち　あまんかい　いちゅん
あいあいあい　いったーうちなー名《なー》やぬーんでぃいーがやー
はーべーる　はーべーる　フェンスくぃーてぃいちゅるはーべーる

やーぬ名《なー》　ならーちたぼり　いぬ島小《しまーぐゎー》どぅやしが
きかんふーなーち　はーべーるがもーいん

夏至南風《かーちーべー》ふち　白雲やながりてぃ
いちむしがうたいん　草ん木んうたいん
フェンスかちゃみてぃ　わぬんうたいん
わーたーむんどーわったーむんどーわったーむんどー
わーたーむんどー
フェンスちゃんなぎてぃ　島小《しまーぐゎー》がうたいん
わったーむんどー　島小《しまーぐゎー》ぬむんどー
うちなーぬむんどー

日本語に翻訳してみると、こんなふうな感じだろうか。

サンサンサンサン　熊蟬が鳴いている
フェンスの向こうから
サンサンサンサン　私たちのものだ私たちのものだ
私たちのものだ　鳴く熊蟬
フェンスのこちら側から　私も言う

そうだそうだそうだそうだ　おまえたちのものだよ
でも私も同じ島のたみ（沖縄に生まれ、沖縄にねざすもの）だよ
フェンスを揺らして一緒に歌う　私たちのものだ
私たちのものだ私たちのものだ
熊蟬が私なのか　私が熊蟬なのか
私たちのものだ私たちのものだ私たちのものだ
島のたみのものだよ

太陽がぎらぎら　蝶がひらひら（ひらひら？）
アオスジアゲハ　ツマベニチョウ　オオゴマダラ
大和名で呼べば　知らんふりしてあっちに行ってしまう
あらあら　おまえたちの沖縄名は何と言うんだろう
蝶よ　蝶よ　フェンスを越えて行く蝶
お前の名前を教えておくれ　同じ島のたみじゃないか
聞こえないふりして　蝶が踊っている

夏至の南風が吹き　白雲が流れ
生きものが歌う　草も木も歌う
フェンスをつかまえて　私も歌う

私たちのものだ私たちのものだ私たちのものだ
私たちのものだ
フェンスを投げ捨てて　島のたみが歌う
私たちのものだ　島のたみのものだ
沖縄のものだ

この詩を聞いているものたちの間から自然に、「わったーむんどーわーたーむんどーわったーむんどー（私たちのものだ私たちのものだ私たちのものだ）」のところで「やさやさやさやさやさ（そうだそうだそうだそうだ）」と合いの手が上がった。そうすると、詩を歌っているものも、身振り手振りを大きくし、うれしそうにのびのびと自信にあふれた表情で、ますますのってうたった。

私には「やさやさやさやさ」の掛け声がこの詩に描かれている蟬、また、一晩じゅう鳴いている夏の夜の虫の声に聞こえた。「やさやさやさやさ」と私も言いながら、普天間基地と車道の間に立っているのに、沖縄の大地に昔から住んでいる夏の虫になったようで、自然とつながった気分になった。

（註1）知念ウシ「『県外移設』と『琉球独立』」、『シランフーナー（知らんふり）の暴力』所収、未來社、二〇一三年。

［付記］

「沖縄人の命のためのフェンス行動」のその後について簡単に報告する。本書に記録収録したような、米兵が基地内からフェンスに結びつけたリボンをとっていくことは続いた。またカマドゥーの活動が終わったあとに基地から出てきた兵士や警備、反テロ対策室によって剥がされるということも繰り返された。それに、その活動を基地のフェンスを「汚し」「美観」を損ねているとして外しにくるグループも現われた（「反『反基地』沖縄で表面化」、「朝日新聞」二〇一四年五月十一日、「抗議リボン撤去は乱暴な行為」、「朝日新聞」声欄〔西部本社版〕二〇一四年六月四日）。それには沖縄人もいるし、日本から来て観光バスで集団で乗りつける日本人も加わっていると聞く。さらに、基地の金網にはグリースがべったりと塗られるようになった。これは、テープを貼りつけることを難しくさせる目的があると思われる。

二〇一四年三月に入ってから、普天間基地野嵩ゲート前の金網には新しい警告板が基地内から取りつけられた。それは米国海兵隊普天間航空基地司令官からのもので、英語と日本語で次のように書かれている。

> Vandalizing the fence, posts, or related structures without the Air Station Commander's permission is prohibited. Attaching any object to the fence, posts, or related structures without the Air Station Commander's permission is prohibited. Removing any object to the fence, posts, or related structures without the Air Station Commander's permission is prohibited. Violations will be reported to the Japanese police. 基地司令官の許可なくこのフェンスに以下の行為を行なうことを禁ずる。物を取りつけたり貼りつける行為、汚す行為、破損する行為、取り除く行為、日本国の法令に抵触する行為は日本警察に通報する。

これまでにあった、US MARINES CORPS FACILITY 米国海兵隊施設と題された「見慣れた」警告板は次のようなものである。

UNAUTHORIZED ENTRY PROHIBITED AND PUNISHABLE BY JAPANESE LAW　無断で立ち入ることはできません。違反者は日本の法律に依って罰せられる。

POSTING OF SIGNS IS PROHIBITED　貼紙厳禁　と書かれた古びた黄色い板もある。基地の金網をめぐってこれらに追加されたという具合である。

また、フェンスにリボンやテープを貼って抗議することに、日本警察、すなわち沖縄県警が「軽犯罪法に抵触する可能性がある」と、基地内から拡声器で、基地外ではつきまとって耳元で「警告」するようになっている。「県警が根拠として示したのは軽犯罪法第一条三十三号で、他人の工作物に貼り札をしたり、工作物や表示物を汚した者を処罰の対象に挙げている。県警の対応について、池宮城紀夫弁護士は『本当に摘発するなら、表現の自由を弾圧するものとして正当性を問われるだろう』と指摘している」（「基地柵にリボン県警、市民へ警告」、「琉球新報」二〇一四年三月五日）。

基地側が「フェンス行動」をいかに嫌がっているかが伝わってくる。カマドゥー小の集いではその後、ただフェンスの前に立ったり、金網を触って歩いたり、また、サンというススキの穂を結んでつくる琉球伝統の魔除けを金網の穴に差し込んだり、そのサン同士をリボンでつなぐなどの表現で行動を続けている。

赤嶺ゆかり

立ち位置とジニオロジー

（沖縄からの報告38・二〇一三年四月号）

世界の先住民族と同様に、沖縄でも開発や軍事基地によって土地が奪われ、その土地に根づく言葉や文化・思想までも消滅しようとしている。命を育んだ土地との繋がりを絶たれ、魂までも植民地化されるわけにはいかない。私たちは身も心も植民者の立ち位置にいないだろうか、または、抑圧を内在化していないだろうか。

二〇一二年に那覇市役所で始められた「ハイサイ・ハイタイ運動」の効果はまだわからないが、先日、「はいたい、おはようございます」と窓口の人が照れくさそうに挨拶していた。「祖先から受け継いだウチナーグチを特に市役所の中で耳にする機会が少なくなったことから、取り入れた」という。また、この運動の一環として、那覇市の職員採用試験ではウチナーグチでの面接を取り入れている（「琉球新報」二〇一二年十月二十二日）。

自分たちの言葉が消滅してしまうという危機感と、祖先から受け継いだウチナーグチを守りたいという想いが結びついたこの公共空間での実践は始まったばかりだ。那覇市の取組みは画期的であり、かつ公共空間で話すことを禁じられた言葉、沖縄語を使うこと自体が、植民地主義の同化政策によって奪われた言葉と文化を取り戻す実践と言える。市役所だけでなく、家庭でも、地域でも、あらゆる空間で世代を超えてウチナーグチが聞こえる日がくるんだとワクワクしてしまう。

しかしながら、忘れてならないのは那覇市が同時に久茂地にある「旧沖縄少年会館」を昨年〔二〇一二年〕取り壊したことだ。那覇市長は、久茂地小学校跡地に那覇市民会館を移転新築すると表明している。公共空間における言葉の継承が活発化しているが、一方で、戦後の沖縄の復興と新しい沖縄の建築文化を創造した建物が取り壊されている。那覇市は取り壊しの理由を、老朽化と耐震強度不足としているが、建築家の根路銘安史は、「島クトゥバ〔ウチナーグチ〕を大切にしたいと願う皆様の心を那覇市民会館にも向けてほしい」と施設の存続を訴えている。存続要望書によると、「那覇市民会館は、沖縄の文化を育んでくれた、那覇市の神アシャギ〔聖地〕である。〔中略〕沖縄の民家建築の雨端《アマハジ》〔天と地の境、内と外の中間地帯〕や屋敷囲いの石垣、ヒンプン〔目隠し、魔除け、風よけ〕などを取り込み、現代建築に再考して『光と影の建築』を表現し、沖縄の風土的特性が無理なくいかされている作品」と述べている〔二〇一三年二月十三日県庁での記者会見にて〕。那覇市民会館は、沖縄の風土的特性に沿って、伝統と近代建築を融合し沖縄の知を具現化した公共空間なのだ。

二〇一二年三月二十九日の「朝日新聞」によると、加藤彰彦・沖縄大学長が、これらの那覇市の公共空間のあいつぐ取り壊しについて、基地のある市町村が、高額補助で巨額のハコモノを建てたものの、維持管理費の捻出に苦しんだように、「国の高率補助制度が遠因だ」と答えている。また、復帰後、本土との格差を是正するため、公共工事への国の補助率が高く設定されてもいるが、施設の維持費に特別の補助はないのが実情だと述べている。

二〇一三年三月に入ると、琉球史教育必修化のニュースを知った。中城村は教育課程特例校制度を活用し、二〇一四年度から小学校に琉球史の時間を設置するという。浜田京介村長は「われわれは信長や家康は知っているが〔琉球王朝の〕尚氏は教わらなかった。教育環境を広げることで、琉球の歴史を知り、自分の先祖を知る一つのきっかけになればいい」と話している（「琉球新報」二〇一三年三月四日）。一三年四月には教員らが教科書の執筆を始めるとのことだ。(註1)

中城村のニュースと同じ頃、二〇一三年三月一日には採択地区協議会の選択に従わず、東京書籍の教科書を配布している竹富町に、文科省の義家政務官（当時。現在は自民党教育再生実行本部副部長）が指導に訪れた。(註2)安倍政権が復活したいまとなっては、「郷土愛の育成を通じた美しい日本への愛国心の涵養」に利用され、美しい国日本における防衛の島という役割に押し込められていくことに抵抗することが必要である。

この一連の動きを見ると、言葉を取り戻すことだけが私たちの目指すべき方向ではないことがあらためて確認できる。教育や文化や歴史も、沖縄人同士も植民地主義によって分断されている状況を捉え、再びウヤファーフジ（先祖）からの言葉と土地に繋がり、土地から生まれた思想や知恵と繋がることが目的なのである。

リンダ・トゥヒワイ・スミスが定義している「脱植民地化の方法論」にも通じる。「先住民族（Indigenous Peoples）は、普段の生活のなかで土地に根ざした先祖の『知』を発見し、生活の実践や運動を通して批判的に『知』を検証する。そうしながら、自分たちの土地に根差した理論や思想を産みだす」ということである。

金武湾闘争の安里清信《あさとせいしん》は、「思想は土着だ。土着の思想を自分なりに生み出せ。借り物、よそ者で運動できるわけはない。そして人をいつくしむ。特に先輩たちをものすごく大事にする。その人たちの発する一言一言の中に真理がある」と知のあり方を定義した（崎原盛秀によるインタビュー、「情況」二〇一二年十月号）。

彼らは、その土地や地域と関わり生活や運動をしながら、土地に根差す土着の理論や思想を生みだすという知の生産（knowledge production）の大切さを伝えてくれる。誰のための、何が目的の言葉や文化の復興か、ジニオロジー（命の繋がり）を振り返りながら、立ち位置を問いながら歩んでいくのがいい。

教育実践においてハワイの事例が参考になる。一九七〇年代、ハワイでは、軍事基地や開発によって奪われた土地を取り戻す闘いとともに先祖から受け継ぐべき（奪われた）文化を取り返すハワイアン・ルネサンス（文化復興運動）が起きた。その結果、ハワイ語が公用語のひとつとなり、ハワイの文化が復興し、現在ではハワイ語オンリーの公立学校やハワイアンの世界観を中心化したカリキュラムを組む公立学校が設置されている。英語ベースの公立小学校にも、ハワイの歴史と文化を学ぶ正規科目クラスができた。さらに、大学では、ハワイの置かれた政治的立ち位置（ポジショナリティ）や米国との非対称的な関係性を乗り越える取組みがなされ、先住民カナカマオリのジニオロジーをもつ研究者や教員が主体となる。教育において排除され、社会で周辺化されたハワイ先住民族（Indigenous Peoples）の世界観を中心化する。スミスは、「脱植民地化は世界観を中心化することだ」と言う。「世界観を中心化する」ということは、「自らが主体となる」ということを意味する。

ハワイのように、沖縄でも公共空間においてジニオロジーと政治的立ち位置を問い、世界観を中心化していく脱植民地化の視点を教育に取り入れることが大切ではないだろうか。

「沖縄では、琉球『処分』後、圧倒的な勢いでわずか二〇余年で、沖縄社会が言葉や生活文化の基盤を含めてすべて日本化した」と伊佐真一（琉球史家）が二〇一二年八月に沖縄県立博物館・美術館で開催された沖縄学のシンポジウムで述べている。「『沖縄学の祖』と言われる伊波普猷《いはふゆう》が、琉球語だけでなく記憶が消された土地の根っこの喪失感を研究対象にしていた」という指摘は、ジニオロジーの観点からとても興味深い。日琉同祖論に基づく伊波は学術的に追究できなかったであろうと思われる、日本人との非対称的な関係性を告発し、政治的立ち位置を問う脱植民地主義が今日の沖縄では重要不可欠な要素である。

以上のことから、今日の沖縄では、沖縄の言葉をツールとして公共空間において使用し、学校において琉球史を正規の科目として位置づけるには、ジニオロジーと、非対称的な力関係や植民者の政治的立ち位置を問うプロセスが必要だといえる。政治的立ち位置を問うことに関してトロント大学の脱植民地化アートのワークショップを参照すると、コミュニティ内部での植民者と被植民者の非対称的な関係性の問題を表現することが最初のステップである。例えば、アーティストであり、ハワイ大教員でもあるコササとトミタは、写真やデータを用いて、自身を含めた日系人移民による植民地主義への加担を告発し政治的立ち位置を問う作品を制作した。また、マオリ研究者のテウエコトゥクは、マオリ伝統の入れ墨モコを自身も施し、周辺化された文化を中心化することによって先祖から受け継いだ命と繋がる、ジニオロジーと繋がるための文化実践だと主張した。

これらのアーティストの方法論にインスピレーションを受け、沖縄においても公共のスペースで、アートと教育を通していかにして日本人の政治的立ち位置を問い、私たちのジニオロジーと繋がることができるのか実践を試みた。

二〇一一年、那覇市主催のうないフェスティバルのメインイベントとして二六団体の展示パネルをひとつのストーリーにしたパネル展示「うないミュージアム」を企画した。これは、うない（沖縄の女性）のストーリーを学び、植民者の政治的立ち位置を問う仕掛けで、過去と現在をつなぐ歴史認識を、参観者自身が確認できるような時空間づくりを、コササらの方法論からヒントを得て試みたものだ（「オンナの目」、「沖縄タイムス」二〇一二年十一月二十一日）。

メインは、沖縄の歴史教科書や土地開発を含む社会問題をあぶりだすような新聞記事をコラージュしたパネルを壁一面の鏡に貼り付け植民地主義の問題を提起する展示である。作品の額縁としての役目を果たす鏡の部分には自分自身が映し出される。鏡に映る自分を客体化しながら、脱植民地化、県外移設などのメッセージを受け止め、自らの立ち位置を問う空間となった。「ミラーに貼ってあるパネルを観ていたら、自分の姿が映り、自分もあっち側にいるのか？　と考えさせられた。自分自身の立ち位置を考えてみたい」という感想もあった。沖縄在住二年目の本土出身者が、「私は沖縄のことをとても深く考えている。とても心苦しい」との想いを発露したのは印象的であった。彼女が政治的立ち位置を問うことがなぜ苦しいのか、これから、どう沖縄と向き合うのかはわからない。だが、この仕掛けは成功したのだと思う。

二〇一二年十二月、沖縄県立美術館企画展「アジアをつなぐ――境界を生きる女たち 1984-2012」の関連催事として、ジニオロジーを顧みるアート・プロジェクト「ハジチ（琉球女性の手の甲の入れ墨）ワークショップ」の企画に協力した。写真家の山城博明さんとともに参加者のジニオロジーをたどり、心身に刻まれたストーリーをハジチの写真とともに共有し、祖先から受け継いだ精神性と身体性を言語化する疑似ハジチを施すワークショップを行なった。

一九七七年生まれのある女性はウンメー（ひいおばあちゃん）のハジチの写真を持参して、四歳の息子と一九五〇年生まれの彼女の母親と一緒に参加した。彼女自身が、小学生低学年だったころ、カジマヤー（九十七歳のお祝い）で見たウンメーのハジチの手が脳裏に刻まれ思い出に残っていて、彼女の自慢の美《ちゅ》らウンメー（きれいなおばあちゃん）だったと教えてもらった。

「息子を膝に抱えながら、ウンメーの写真を傍において、母親にハジチを施してもらうという体験は、普段は考えない、話題にすることもないウンメーのことを考える瞬間だった。自分の手と母の手でハジチがなされた時、写真のウンメーを見ていたら、思い出の場所が蘇ってきた。その時、ウンメーと繋がったと思えた。」

世代を超えたジニオロジーを感じられる言葉であった。私たちは、植民地主義によって祖先や過去との関係性を絶たれ分断されうる状況にあるが、アートは、こうやって繋がりを視覚化、身体化して、私たちの心と身体をつなぐ役割を果たしうる。ふたつのアートと教育のプロジェクトの実践を通して、記憶が共有され、非対称的な関係性を問いながら、歴史と結びつくことの大切さ、結びついていることを実感できた。

近い将来、琉球諸語や琉球史を公共空間で教える時代がやってくるだろう。そのさい、琉球・沖縄の世界観を中心化し、言語化し、系統立て理論化することが重要になる。教科書を離れて、私たちができることは、ひとりひとりが受け継いだパーソナル・ストーリーに焦点をあて、語られてこなかったことを安心して語りあえるジニオロジーと繋がる公共空間をつくりあげることだ。

生活の視点から、非対称的な関係性を告発し、立ち位置を問うこと、植民地主義にあらがう精神と身体性を追求する勇気を後押しする空間も重要になる。例えば、政府を説得して基地を動かした美術館のストーリー、県外移設論を問い続ける人々の実践、琉歌をよりどころとして環境問題を改善した地域の実践は、私たちの世界観を中心化するうえで重要な意味をもつ。この沖縄の土地と繋がり、運動のなかで生み出された琉球の「知」の脱植民地化の実践こそが、自己決定（権）確立へ向けて大きな力になる。

（註1）中城村教育委員会によると、地域特性を生かした教育特例校の推進として創設した琉球史の科目「中城ごまさる科」の設置が二〇一四年三月五日に文部科学省に認可された。「中城村の歴史的偉人の護佐丸と歴史的遺跡の中城城址を通して歴史と文化を学ぶプロジェクト」として作成した教材を用い、今年度（平成二十六年度）の二学期より村内の各小学校で授業を行なう。また、中学校においては、今年度、教材や資料を作成するための企画・編集を行ない、平成二十七年度教育課程のなかで学べるように推進していくという。（「広報なかぐすく No. 204〔2014. 4. 4〕」）

（註2）義家政務官（当時）訪問から二ヵ月後の五月八日、文科省は竹富町および沖縄県に対して再び文書指導を行ない、同年十月八日には、地方自治法第二四五条の五第二項の規定に基づいて文部科学大臣から沖縄県教育委員会へ、竹富町教育委員会に対して是正要求を行なうよう指示があった。これに対し、沖縄県教育委員会は、同年十月二十日の第十五回定例会で、国に対し要求への不服申し立てをしないことを決めた。そして、沖縄県教育委員会は二〇一四（平成二十六）年一月十五日の定例会で竹富町を石垣市、与那国町から分離させる方針をたてた。二〇一四年四月には教科書無償措置法改正で教科書選定の「共同採択地区」の区割り方法が柔軟化した。だが、文科省は八重山地区について「国の法律改正があっても、竹富町は八重山地区として文化・経済的に一体で共同採択が望ましい」として現状維持を求めている。一方、今年度分の教科書選びでは文科相の是正要求に竹富町教委は従っておらず、文科省が町教委を相手に提訴するかが焦点。諸見里教育庁は「国は訴訟を避けてほしい」と要望した。（「資料1—3　沖縄県八重山教科書採択問題の経緯」文部科学省 <http://www.mext.go.jp/b_menu/shingi/chukyo/chukyo3/siryo/attach/1345141.htm>〔二〇一四年四

月二十日アクセス」、「琉球新報」二〇一四年一月十六日、「朝日新聞デジタル」二〇一四年四月二十二日<http://www.asahi.com/articles/ASG4P5R5XG4PUTIL038.html>［二〇一四年四月二十二日アクセス］）

Yuree　ワッターを主体化する空間

（沖縄からの報告41・二〇一三年七月号）

公私を問わずあらゆる空間で精神や身体を解放する脱植民地化の方法論を研究し実践している。この創造的な空間を沖縄の概念で何と言うのだろうかと探っていると、「ユレー」に出会った。もともと「寄り合い」という意味を表わす「ユレー」だが、語源は「結い」であり、結い（協働）の代金としてお金を出し合い私生活の相互扶助や親睦を図るために行なうことである（知念良雄『模合考』）。起源は意外に古い。上原直彦によると「尚敬王代の一七七三年に模合《ムエー》の法が定められ『困窮士族に対する助けとした』と、歴史記録書『球陽』に出ている」。要するにユレーとは沖縄人の信頼関係に基づいたプライベートな相互扶助のコミュニティである。プロジェクトとしての「Yuree（ユレー）」についてはあとで述べるとして、まず、この三カ月に起きたことを時系列に従って論じる。

三月十一日（日本時間）、ハワイ大学構内にある連邦政府機関の東西センターにて沖縄基地問題フォーラム「ウチナーンチュ・トーク・ストーリー」が開催された。トーク・ストーリーとは、カジュアルな雰囲気のなかで時間をかけてゆっくりとお互いの考えや意見を共有するハワイのローカル・スタイルのユンタク（おしゃべり）会である。

そのなかで「ハワイ州政府は在沖米軍海兵隊を受け入れるための家族住宅建設計画を策定中である」とハワイ州知事ニール・アバクロンビーが表明したのである。それをうけて沖縄では、にわかに、米軍海兵隊が沖縄からいなくなるのではとの期待感が醸し出された。翌十二日の「琉球新報」には「進行役のハワイ大学元日本研究所所長、ロバート・ヒューイ氏はフォーラムの最後で意見をまとめ『今の沖縄の状況が望ましくないということは会場の一致する意見』とし『米国にとってベストなシナリオを模索することに加え、これからは沖縄の人々にとってベストな状況をつくり出していこう』と呼び掛けた」とある。ここにカナカ・マオリ（ハワイアン）の姿は見いだせない。

同じその日のことだ。安倍内閣が、四月二十八日をサンフランシスコ平和条約が発効し日本が主権を回復した日として政府主催の記念式典を開くことを閣議決定した。沖縄を米軍の要所と位置づけ日本から切り捨て、そのうえで日米同盟という名目の支配構造に組み直されただけの安保体制のなかで言う主権回復とはいったい何なのか。沖縄にとっては「屈辱の日」とさえいわれる4・28を、私たちはどのように迎えることになるのか。

ハワイでも沖縄でも、土地と繋がり生活する人々の声や姿は掻き消され、たび重なる軍事基地の押しつけによってさらに負担を増大させられていく。植民地主義によって土地や言葉だけでなく世界／歴史観をも奪われた経験を共有する私たち。ウヤファーフジ（祖先）や土地や言葉と精神を繋げる実践を行なっている私たち。ハワイにも琉球にも帝国による武力併合があった。もちろん、軍事基地を自分たちで誘致したことはない。ウチナーンチュがハワイへの軍事基地移転を歓迎するような気配に、「なにか行動を起こさなければ。このままでは植民地主義に加担してしまうことになる」と私のチムグクル（心）は騒ぎ始めた。

四月十九日、「ハワイんちゅリアルピープルの闘い」と題して、ハワイ王国の転覆を主題とするドキュメンタリー映画の上映会とトーク・イベントを、「オキスタ107」と「しまんちゅスクール」の合同で企画した。カナカ・マオリの屈辱と抵抗の歴史を知ってもらい、植民地主義の意味を考える機会にしたかった。

私も日本語字幕翻訳に関わった『アクト・オブ・ウォー　ハワイ王国の転覆』は、五八分のドキュメンタリー映画で、ハワイ王国が転覆されて一〇〇年目の一九九三年にハワイのドキュメンタリー制作会社ナマカオカアーイナ（Nā Maka o ka ʻĀina）が制作した。以来、世界各地で上映され、日本では山形国際映画祭で特別賞を受賞している。制作から二〇年が経つが、王国転覆から一二〇年を迎えたいまも、若きカナカ・マオリに脈々と抵抗の精神が引き継がれている。

今年（二〇一三年）もカナカ・マオリとその支援者らは「主権」を求めデモ行進をした。アロハアーイナ（大地を愛する）の精神に従い主体性を回復する実践である。「失われた土地を取り返せと言うだけでなく、主体的に大地に戻ろう」（ノエラニ・グッドイヤー）という言葉がいまのカナカ・マオリの主権回復運動の政治的な立ち位置を明確に示している。日常生活のなかでの実践、つまり、ハワイ語を話すこと、フラを踊ること、波乗りをすること、タロ芋畑を耕すこと、島の自然に祈りを捧げることなどを通してアロハアーイナの精神を中心化し、軍事主義や植民地主義へ抵抗することが主権回復運動へと繋がっている。

映画上映会のあと、六十代と思われる参加者の方が「ハワイのことをまったく知らなかった。これからはハワイに基地を持って行けとは言わない」と話してくれた。ほかにも、「カナカ・マオリの女性たちが、聖なる土地を守るために、軍事基地へと繋がる道路建設に抵抗した運動があったことを聞いて感激した。もっと知りたい」という声を聞き私も励まされた。参加者は、ハワイを通して「屈辱」を問い直すことができ、抵抗の歴史を見出すことができた。これが、主体性の回復に繋がる第一歩ではないか。沖縄にとって「主権」を取り戻すという意味は何か、あらためて考える機会となった。

四月二十八日には「4・28政府式典に抗議する『屈辱の日』沖縄大会」（同実行委員会主催）が宜野湾海浜公園屋外劇場で大々的に開かれた。会場に入り切れなかった人も含め約一万人超が参加した（主催者発表）。同じころ、私は、南風原《はえばる》文化センターの企画展「検証4・28『屈辱の日』展」（南風原町、町教育委員会、同センター主催）の関連催事「私と4・28」座談会にスピーカーのひとりとして参加していた。壁面のすべてが沖縄戦後史年表となった会場には、アメリカ世、ヤマト世などの統治者の違いが表示色を変えて表わされ、生活用具や雑貨、新聞や雑誌の切り抜きなどを用いて時間が視覚化されていた。私は、「この展示会場自体が自分自身のポジショナリティ（政治的な立ち位置）を考え、問い直せる空間になっている」ことを伝えた。

「ウヤファーフジと自分の繋がりを考えて、それから社会ではどんなことがあったのか、私が中心になって歴史をさかのぼっていく、という考え方はなるほどと思った」「小学校のとき、『日本史』を勉強したが、なぜそこに『沖縄』の歴史が出てこないのか？　と思っていました。沖縄にはない電車のことを勉強することが不思議で仕方なかった」。参加した方々の感想文からの引用である。空間いっぱいに視覚化されたそのときどきの事象を観ることで歴史への想いが深まり、ポジショナリティを問いかけられることで参加者自身が歴史の主体になるきっかけにできたのではないだろうか。座談会のあと、小学校の先生だとおっしゃる方が話しかけてきた。「復帰をめぐる説明に反復帰の動きも追加していくことが必要」「しいて言えば『琉球処分』にまで遡ってほしい」ということを若い先生が熱く語ったのが印象的だった。

会場に来ている人がそれぞれ自分の歴史を生きているから、自分の視点で、自分の立ち位置で語ることができる。歴史を各自に引き寄せて問題意識を共有する、沖縄を相対化する、観覧者が主体となって自身も含まれる沖縄の戦後史を系統化していく作業、これが、ワッター（私たち）を当事者として歴史を振り返る視点に立つ歴史教科書づくりに繋がるのである。

学芸員の平良次子さんが、「観覧者の方々から提案されて、展示用のキャプションをどんどん継ぎ足している」と話していた。沖縄の歴史を無視する歴史修正主義者が「主権」を祝う式典を行なっている最中、このような観覧者の主体性を重視した展示を実践することはとても重要な意味をもつ教育方法である。

南風原文化センターをあとにし、夕方のテレビニュースでみた「『屈辱の日』沖縄大会」には違和感を覚えた。なぜなら、そこで人々が歌っていたのが「沖縄を返せ」を一文字変えただけの「沖縄に返せ」だったからだ。原曲の「沖縄を返せ」は一九五六年に全司法福岡高等裁判所支部の労働組合が作詞し、荒木栄が曲をつけたもので、日本人が「沖縄を日本に返せ」と訴えた歌だ。軍事基地を置き続け自由に使用させるという密約とともに沖縄を日本の施政権下に組み入れ直し、その後も基地負担を増大させ、「屈辱の日」であると言わしめるまでに至ったこの日を「主権回復の日」として記念することに抗議して歌うのが「日本復帰」を願うこの歌であることに対する違和感だ。こんな状況に置かれても、まだ沖縄は日本に「復帰」したいのか。

「主権回復の日を記念する式典」には、四月から新たに副知事に就任した高良倉吉元琉球大学教授が出席した。高良といえば二〇〇〇年三月に開催された第四回ＡＰＡＰ（Asia Pacific Agenda Project）フォーラム・沖縄フォーラムにおいて「沖縄イニシアチブ」を提唱した歴史学者である。これは、「沖縄の歴史的、文化的、政治的特質に積極的な自己評価を与え、日本社会の一員としての沖縄の創造的役割を見いだそうとする」（公益財団法人日本国際交流センター）ものであるが、同時に、沖縄と日本との非対称性を指摘する各界の論客からはいっせいに批判された。「沖縄イニシアチブ」は日本による沖縄の植民地支配を覆い隠すのみならず、日本の軍事拠点として完全に日本へ同化させられた姿を示している。仲井眞知事が式典を欠席しても、その代理として副知事が出席するというのは開催の趣旨に賛同していることと変わらない。高良にとって式典へ出席することは沖縄の日本への同化を完成させる儀式であり、それを表明することではなかったか。

五月十三日、橋下大阪市長（当時）の慰安婦をめぐる発言（特に歴史認識）への抗議にオキスタ107も連名した。カナカ・マオリ不在のトーク・ストーリー、屈辱の日、橋下の歴史修正主義や「ネオ沖縄イニシアチブ」とも言える言説や歴史観が台頭しつつある状況で何ができるだろうか。ワッターの主体性は奪われ歴史や世界観は周辺化されてしまうのか。いや、そういうわけにはいかない。

五月十八日、オキスタ107は緊急にプロジェクト「Yuree（ユレー）」を開催した。私は、「沖縄語の『平和』は抽象的な概念ではなく人間関係と自然が豊かな状態を求めて行動をすること」だということを家族のストーリーに絡めた詩にして詠みあげた。この「平和」は、カナカ・マオリの主体性を表わす「クレアナ（社会的な責任）」という概念に近いのではないかという議論が生まれた。ウヤファーフジの言葉から平和とは何かを再発見した。「失われたものを探す旅」（崎原千尋）は、子どもたちと一緒にウヤファーフジの世界を探すという、写真を使ったプレゼンテーションだった。参加者のひとりからは、さっそく、身近ないつもの風景をじっくりと見直し、子どもたちと一緒に見落としがちな沖縄語の看板を楽しく探しながら家に帰った、という話を後日聞いた。「アメリカインディアンの抵抗のテキストとコンテキスト」（石原昌英）や「金武湾ＣＴＳ闘争における文化実践」（上原こずえ）のプレゼンテーションでは、ウヤファーフジから受けついだ大事な土地や自然が汚染されていくことを許さないという、権力に対する言葉の抵抗が非常に示唆に富むものであり、古くからの言い伝えが、自然環境を守り次世代へ引き継ぐ大切なツールであることを再確認した。「世界の武器を楽器に」（町田宗男）では、子どもたちと一緒に平和のシンボルとして三線を創り上げ、演奏してくれた。想いの詰まった演奏が幸せな気持ちを参加者全員にもたらした。「オスプレイを無力化するプロジェクト」（赤嶺善雄）は、ゴーヤー棚のネットにオスプレイのプラモデルを絡めて無力化する遊びを通して、生活空間のなかでオスプレイを茶化している。発表者のひとりの崎原が、「メディアを通して日常生活に戦隊モノとかがはびこっているから、子供の環境（を脱軍事化するのが）が難しいけど、これだったらできそうだ」と述べたのが印象深い。あらためて生活のなかでの実践が重要だと気づくことができた。

当事者無視の圧倒的な植民地主義や軍事主義、そして日本同化思考への違和感などを乗り越えるために、根底の想いや抵抗の精神をあらゆる形（詩、写真、朗読、テキスト、琉歌、アート）で表現し、自己を中心化することも有効な方法であるとYureeを通して実感した。創造力を産むには、Yureeのような信頼関係が生まれる相互扶助の空間をどんどん創りだすことが大事だ。権威や制度を乗り越え、ワッターが歴史的／政治的主体となれることを確信している。

テーミヌユーを目指して

（沖縄からの報告44・二〇一三年十月号）

「あなたの言葉で『PEACE』をどう言いますか」

ハワイ留学中に所属していた研究機関の方から留学生に向けられた質問だ。石田雄は、「『平和』とは何か、その問いかけに答える前に、どのような平和の概念の下で、私（達）は平和の維持を考えているのかを正しく理解しておくこと」を『平和の政治学』のなかで述べているが、「時代や文化によって全く矛盾した意味で使われるものである」という指摘は沖縄において解決されない基地や植民地主義の問題を考えるときに示唆に富む論考である。石田は、古代ユダヤ教、ギリシャ、ローマ、中国（日本）、インドそれぞれの文化で平和概念を比較研究し、「平和のためにたたかうというシャローム（古代ユダヤ教ユダから今日のイスラエルに至るまで用いられている）」や他の文化の事例をあげ、異なる文脈における平和を求める政治行動の違いを示している。

話を最初に戻すと、質問者の意図するPEACEとは〈安全保障〉で守られる、たたかう平和だったかどうかわからないが、私は〈戦争のない状態〉のPEACEと理解していた自分自身に気づいた。そして、沖縄語で何と言うのかを琉球語・沖縄語データベースで調べてみたが、PEACEに相応する沖縄語がわからなかった。八〇代になる父親に国際電話をかけて琉球・沖縄における平和の概念を尋ねてみると「人間関係と自然が豊かな世果報《ゆがふう》の状態を求め、コミュニティの一員として人々がアクションを起こすことではないか」と沖縄の地域共同体のイーマールー（結《ゆい》）の精神や相互扶助のユレーを混ぜながら話してくれた。また、沖縄語研究者でありエッセイストの儀間進が「現在の沖縄語辞典に平和という語はないが、かつて『いふぁくとぅば』には『テーミヌユー』が平和な世の中という意味を表していたことや、蛍の乱舞する美しい平らかな、あまりにも繊細な世界がかつて平和を意味していた」と論じていたことを崎原正志（くとぅば・すりーじゃ☆にぬふぁぶし・かじとぅい／うちなーぐちイマージョンスクールの講師）に教えてもらった。「しまくとぅば」を多くは知らず、上手に話せない私だが、四〇代になりあらためてウヤファーフジ（先祖）の言葉から平和の意味を探ったとき、この島の平和を表わす世界観を再確認した。「人間関係が豊かな共同体の一員として責任をもって行動し、蛍の乱舞するほどの美しい自然を守ること」ではないだろうか。これが、琉球・沖縄の私たちの〈ＰＥＡＣＥ〉の概念ではないか。たたかうことでない、傍観者でもない。国家権力や制度に集約された政治から解き放たれた精神の脱植民地化のために、私たちの平和観を文献や証言から掘り下げ中心化していくことも積極的な方法だ。では、どのような実践が、いま、沖縄でなされているだろうか。

昨年（二〇一二年）の三月に沖縄県は首里城公園内に第三二軍司令部壕説明板を設置したが、そこには「慰安婦」「住民虐殺」についての記述はない。削除された文章のままだ。自虐的だと言って歴史をつくりかえる動きが活発化してきているが、これは沖縄戦関連の話だけではない。「琉球の歴史すべて修正され続けている」と話していた浦添市市議会議員を退いた渡久山朝一の言葉を思い出す。渡久山は、明治政府による琉球処分（一八七九年）に反対し、清国に渡って琉球王国の存続を訴え同国で客死した幸地朝常（一八四三〜一八九一年）の子孫であるだけに、その言葉に説得力がある。私たちは、『琉球処分』や『薩摩侵攻』も幸地朝常さえも、まったく知らなかった。学校では習わないし、実体験者の生の言葉の記録が権力によって消されている。この暴力に対抗する術として、私たち琉球の世界観を中心化するのであるが、それを支えるのが母語である「しまくとぅば」である。しまくとぅばの証言に触れることや受け継ぐことはいまの沖縄に重要な意味をもつ。しまくとぅばを通して、次世代へ伝えるべき平和とは何かを学び、この土地に根差す平和の世界観を中心とすること、知ることにつながる。

今年の慰霊の日の前日の六月二十二日、沖縄県立博物館・美術館で『しまくとぅばで紡ぐ戦世ぬ記憶』というイベントに参加させてもらい、沖縄戦体験者と同じ舞台に座りパネリストのひとりとして証言を聞くという貴重な経験をした。沖縄戦を実体験として語る人々のしまくとぅばには、翻訳できない圧倒的な言葉のもつ重みがあり、心のひだに触れたあと、なにかしら人間の強さを感じた。精神的にも限界に達している重苦しい空気のなか、「しまくとぅば」を通して戦争を生き抜いた命の重さがドスンと心の奥にまで伝わってきた。ワッター世代に、必死に、あの戦争が何だったのかを彼ら自身の言葉で伝えてくれている。

以前、観客席から映像を観たときと同様に、証言者のみなさんの勇気と強さに感動して、感謝の気持ちでいっぱいの涙が流れた。語彙を多くは知らなくても、幼い頃から生活のなかに「しまくとぅば」があったことで、私のなかには「しまくとぅば」に反応できる感情や心の回路があるのだと確認した瞬間でもあった。会場の前列で参加していた四〇代の女性が、戦争体験の当事者でも証言者でもない私が発したこの「しまくとぅばに反応できる回路」という言葉に共感を覚えると発言してくれたのがうれしかった。どうにか、私たち自身の主体性を育む脱植民地化の視点を提示できたように思えた。私の役目が果たせたような安堵感のようなものが湧き上がっていた。

毎年、六月「慰霊の日」から八月「旧盆」の時期にかけて、沖縄では家庭だけでなく地域でも沖縄戦の記憶を次世代へ継承するイベントが続く。『慰霊の日』は各市町村の博物館や文化センター主催の展示やイベントが行なわれる。どのようにすれば、心と感情の奥深くまで「記憶」を継承し、植民地主義を告発し、世界観を中心化する脱植民地化の実践ができるだろうか。公共空間でどのように植民地主義にあらがうのか。

Testimonies　証言をすること、証言をとること
Story-telling　語ること、語りあうこと
Celebrating survival　生き延びていることを祝うこと
Remembering　記憶すること
Intervening　政治的な権力システムに介入していくこと
Reframing　政治的な課題を明らかにし、問題解決にむけて自己決定できること
Restoring　精神や感情を含む健康を回復すること
Returning　土地、川、山、海、自然、文化、生活、歴史を取り返すこと
Creating　創造力あふれる意気込みや精神性を持ち続けること

（翻訳：赤嶺ゆかり・崎原千尋）

これは、マオリ研究者のリンダ・トゥヒワイ・スミスが、わかりやすく脱植民地化プロジェクトとして提示しているコンセプトである。（註1）このコンセプトをみて、これまで実践されてきた多くの公的な平和に関するイベントやプロジェクトがすぐに浮かんだ。

名護市博物館、南風原文化センター、豊見城市博物館の企画展でも、五感を刺激して戦争経験を想

起させる工夫があった。証言、記録写真、インスタレーション、詩、芝居、パフォーマンス、ドキュメンタリーフィルム、オーラルヒストリーなどをツールとして、観るものの感性を刺激することで日常にはびこる軍事主義が未だに解決されていない根の深い問題であることに気づかされる。戦争体験者の話を引き出すと同時に体験者の個々人の記憶／物語を具象化することによって、軍事主義を決して美談化することなく歴史を見つめなおす機会を提供している。

印象的だったのが二〇一二年の名護博物館で開催された「やんばるの戦争と三高女」という展示会だ。視覚だけでなく聴覚にも訴えるしかけであった。展示内容は、沖縄県立第三高等女学校、すずらん学徒隊の学徒動員や軍事訓練などの授業の様子、学校の風景を写した写真や寮生活の証言、当時の地域の写真などを通して戦争に巻き込まれていく様子がすぐに想起できた。その内容に圧倒され、心苦しくなったが、順路の半ばあたりに差しかかったとき、三高女の校章と校歌の歌詞が掲示されていることに気がついた。うちなーうない（沖縄の姉妹たち）が「大和撫子」として軍国主義にのみこまれていく様子を想い起こすと同時に文化やスポーツを通して「大和撫子」というフレームによって沖縄人自らが「なでしこ」アイデンティティに酔いしれる新たな同化主義が構築されようとしていることを警告しているかのように受け止められた。三高女の生徒が大和撫子として自分たちを謡いあげ戦争に動員させられ軍国主義に加担したのと何が変わるのだろうか。文化やスポーツを通して、あの頃と変わらない同化政策、皇民化教育の一形態であることを問題提起しているかのような空間であった。この名護博物館の展示では、教育を通した同化政策、動員の過程が、歌詞／文字を通して視覚化され、校歌がBGMとなって聴覚化されることで、ここに植民地主義があったという歴史的事実を、ヤンバルの戦争を知らない観客に宛て、生き延びたものたちから発せられた皇民化教育への抵抗のメッセージとして感じ取ることができた。

近年、沖縄戦における「従軍慰安婦」問題や「集団自決」強制を否定する「つくる会」や、「日本教育再生機構」「教科書改善の会」などが作成した教科書が次々と発行され、石垣島でも歴史修正主義の教科書を採用する教育長が選出されてもいる。また、高齢化した沖縄戦サバイバーの多くが、この政治状況に危機を感じ、語りたくもない過去の戦争経験について重い口を開き、必死に次世代へ記憶をつなごうとして下さっていると聞く。私たち世代は「記憶」とともに平和の世界観を次世代へ引き継いでいかなければならないという危機感と責任感をもち始めている。

沖縄国際大学に米軍のCH53ヘリが墜落した事故から九年目の夏を迎えた。あのとき私はハワイ大学構内にいた。墜落した情報は、同大学大学院生として在学していた同じゼミの友人が知らせてくれた。沖国大のキャンパス内を歩くと頭上、空の真上にヘリが飛ぶ。正直、いつも怖いと感じていた。いま、教員として普天間飛行場を飛び立つヘリ飛行ルートの真下にある大学の教室で授業をしているが、あまりの爆音に、落ちてくるのではないかと恐怖を感じて立ちすくむこともある。九年前のヘリ墜落時に明らかになり、いまも続いているのが、米軍機が事故を起こしても、私たちは、海、空、山、土地に簡単に立ち入り調査もできない、すばやく情報が開示されることもないという現実だ。八月五日、宜野座村の水がめである大川ダム近くで、嘉手納基地所属の救難用ヘリHH60がキャンプ・ハンセン内の宜野座村側山中に墜落した。米軍はダムの水質調査について異常はないと発表している。米軍は当初、村の立ち入りを拒んだ。沖国大の事故では、ヘリに搭載していた放射性物質ストロンチウム90を使った部品が行方不明になったが、このことは事故後三週間たってようやく発表された。沖縄市のサッカー場で、ダイオキシンが入ったドラム缶が見つかった件は、氷山の一角なのかもしれない。

沖国大ヘリ墜落事故当時の小学生や中学生が現在は大学生になり、基地問題や沖縄戦の歴史認識などを生活に関わる問題として解決に懸命に取り組む若者も増えている。昨年の民意を無視したオスプレイ配備がきっかけになって、動き始めた学生も多い。「自然環境が破壊されて騒音がひどくなったり事故が絶えないという状況は変わらない。私たちが歴史の過ちを清算していかなければならない」と、沖縄キリスト教学院大学の学生、知念優幸は行動する。沖縄国際大学准教授の友知政樹は学生と共に普天間基地フェンス沿いを丁寧に歩きながら、私たちの日常を隔てている見えないフェンスにも思いをはせ、学生自身が行動主体となるような実践を続ける。

テーミヌユーを目指して、いまここにある空間で過去からの時間をしまくとぅばと世界観に重ねながら、未来に向かって沖縄自らが政治の主体となるために脱植民地化のための抵抗と知を生みだす実践が日々深まっている。

（註1）Smith, Linda Tuhiwai (1999). *Decolonizing Methodologies: Research and Indigenous Peoples.* London: Zed Books. Stover, Dale 2002.

ワッターELT：沖縄英語教育再考

（沖縄からの報告47・二〇一四年一月号）

本稿では、私個人の記憶を頼りに、「自分史」を通して、七〇年代から八〇年代（小学生時代から高校生時代まで）の普段の生活のなかにあった言語について、また、英語と日本語と沖縄語とうちなーやまとぐちを取り巻く環境について、当時の社会的な文脈も交えながら考えてみたい。自分史を振り返ることによって、植民地主義と脱植民地化の視座を浮き彫りにし、英語教育のdecolonize（脱植民地化）を目指すコミュニティへ応答できるワッターEnglish Language Teaching（ELT）とは何かを見出すことができるのではないかと考えるからである。

米軍統治下の一九六七年、私は那覇市に生まれた。「復帰」の記憶はほとんどない。一つだけ、これが復帰運動に関係していたのかどうか定かではないが、幼稚園入園前のある日、近所の幼馴染みの家で日の丸の小旗をつくったことはおぼろげに覚えている。小学低学年頃まで、コザ（現沖縄市）に住む叔母の家にも頻繁に遊びに行っていた。子どもがいなかった叔母夫婦の家には週末よく預けられていた。叔母のことをマーミー（Mommy）と呼び、叔父のことはマーミーパーパー（Mommy Papa）と呼んでいた。叔母の家の近所の子どもたちのなかにはアメリカ人もいた。何語で話したのかは覚えていないが、ままごと遊びのようなことをして遊んでいたと記憶している。七月四日のアメリカ独立記念日前後には、叔母夫婦は私をカデナ・カーニバルに連れて行ってくれた。カーニバル開催場の嘉手納基地は、一九四九年以来、旧日本陸軍航空隊の中飛行場として土地が占領されていた。一九四五年からはアメリカ軍によって占領され続けている基地である。私はなぜかカーニバルが好きじゃなかった。あのピエロが怖くてたまらなかった。何も話さないで近寄ってくるのが怖くて逃げ回っていた。

小学校三年生ごろだっただろうか、恩納村のムーンビーチで楽しい夏の一日を過ごした思い出もある。歳の離れた姉や兄が私を海の深みに浮き輪ごと引っ張っていくのが嫌だったので、海に入らず浜で砂遊びをしていたら、ティーナという女の子とお友達になった。砂浜にお互いの身体を埋めたり、絵を描いて遊んだ。どうやってコミュニケーションしていたのか思い出せないが、楽しかった。ムーンビーチは一九七五年に、沖縄国際海洋博覧会に合わせ開設したリゾートホテルの敷地内にあるリゾートビーチだ。一九五七年から米軍の優良海水浴場である。名前の由来は、米軍のパイロットが月夜を反射してキラキラと輝く砂浜のあまりの美しさにムーンビーチと名づけたらしい（『国建の半世紀――創業五〇周年記念誌』二〇一〇年）。二〇年ほど前に亡くなった祖母は生前よく「恩納村には海しかない」と話していた。リゾート開発が押し寄せる恩納村に対して「海しかない」と発していた意味は何だったのか。いまさらながら、リゾート開発から海を守り、大切にしないといけないという教えだったのかもしれない、と思ってしまう。

小学三年生になると、学校の近くにあった小学生向けの英語講座に通い始めた。ミセスかぁーなぁーというアメリカ人女性とラボ教室担当の沖縄人男性が教えていた。週二回の授業のうちの一回がミセスかぁーなぁーのクラスだった。私たちの「かぁーなぁー」の発音が間違えているらしく、授業のたび発音ができるまで矯正させられた。みんな先生の真似をして、唇を尖らせ舌を内側に丸めて

「R」の発音をした。講座の帰り道も、友達みんなで「ミィーセスゥ、かぁーなぁー」と舌を巻き笑いながら練習して家に帰った。

　授業では歌も取り入れていた。特に「一〇人のインディアン」は楽しかった。インディアンの子どもの姿が描かれたカードを指さしながらテンポをどんどん上げていくのが、ワクワクしてすごく楽しかった。"One little, two little, three little Indians" と続き、"ten little Indian boys!" まで歌ったら、次は nine、eight、と戻ってくるから、緊張感があってとても楽しかった。しかし、アメリカ先住民族のアメリカ・インディアンがこういう形で利用されるコロニアルな英語の授業に喜んで参加していたのは恐ろしい。Ｂｉｎｇｏゲームも楽しかった。カードのタテヨコ五マスに一桁から二桁台の二五種類の数字が描かれていた。ミセスかぁーなぁーがルーレットを回し、数字を読み上げる。マス目が五つ並んだら大きな声で〝ビンゴ!〟と叫んだ。褒美として、スタンプカードだったかチョコレートやキャンディーだったかがもらえたと思う。

　沖縄人の先生はラボ室での音声の授業を担当されていた。ラボ室は私たち一人一人の座席がガラス張りのヘッドフォン付きのブースだった。机にはオープンリール用の大きなデッキが備わっていた。英文を聴いて口頭練習して、自分の声を録音し、発音をチェックするという流れだった。オープンリールは切れやすく、テープを直すために授業を中断することが多かった。私だけでなく、そういう生徒はたくさんいたので、先生は、ラボの修理屋さん的な存在であった。

　この施設が元沖縄県財団法人語学センターだった。当時、とてもさびれた感じがした。米軍治下時代は、米国民政府(註1)によって創設された元英語センターである。(註2)ふたりの先生はともにパターンプラクティス中心の授業法だった。これはミシガン大学で開発されたミシガン・オーディオ・リンガルメソッドであり、別名アーミーメソッドとも呼ばれている。[註3] ミシガンと言えば、陸軍の契約のもと、ミシガン大学使節団と琉球大学との関係は非常に密接であり、一九五一年から一九六八年までの十七年間におよび、彼らはカリキュラムに関しても沖縄の教育の支援をしていたという。

さて、小学校では、沖縄戦、復帰運動、ベトナム戦争、コザ騒動の話をリアルな体験として語り伝えてくれる教師がいた。小学校三年の担任の先生から聞いた沖縄戦の徴兵忌避した沖縄人の話、四年生の先生が話した、ベトナム戦争のときの沖縄で実際にあった兵隊の遺体を洗うアルバイトの話、コザ騒動では沖縄人も黒人も一緒になって、一気にアメリカ兵の車を燃やした話をわかりやすく丁寧に教えてくれる教師もいた。そのころ、兄の同級生には、家庭では琉球語のみ使用し日本語を使わない友人がいるということも聞いた。またあるとき、私の通う小学校で日本本土の教員が研修を受ける集会があったが、数名の男子が「ヤマトンチュー、ケーティクィミソーリー（日本人の皆様、お帰りください）」と言ったら先生に叱られて正座させられるという一幕もあった。あれは何だったのだろうか。日本による抑圧や植民地主義への抵抗を自覚してのことだったのであろうか。

中学生になると必修科目としての英語が始まった。しかし、音声面の指導はほとんどなく、パターンプラクティスもなかった。英語の授業は、最も退屈な時間となってしまった。幸いにも英語嫌いにならなかったのは、ローラースケートに通うようになったからだろうか。大学生の姉と一緒によく遊びに行った。週末になると、地元の子どもはもちろん、アメリカ人の子どもや米兵もたくさんいて賑わっていた。友達とよくソウルミュージックばかり聴いていた。

そのころは、沖縄の中高生に人気のラジオ番組を聞くのが楽しかった。ウチナーヤマトグチと言われる私たち世代の言葉でしゃべるＤＪ。番組のなかには「ナイチャー（日本人）撲滅運動」というコーナーがあって、横柄な態度の観光客やナイチャーを笑い飛ばすという内容で痛快だった。その後、ハワイでKill Haole Day（ハオレ／白人をやっつけろ）があったと聞いたときにはこの番組を思い出した。また、ハワイで観光客をコケにした七〇年代に流行ったお笑いを観たとき、お笑い米軍基地（基地をネタにしているお笑いコント）が思い浮かんだ。こういう発想が浮かぶこと自体が、ハワイも沖縄も同じ植民地なのだなと思うし、これが抵抗の形の表われなのかもしれない。

「高校へ入ればアメリカに行かせる」という約束で、中学三年生になると必死に勉強するようになった。そのおかげで希望通りの進学校に入学したが、父親には「現実的にはできるわけがない」と一蹴され、アメリカ行きの夢は破れた。アメリカ本国が無理でも沖縄のなかなら大丈夫だろうと、そのころ米軍基地内での英会話レッスンに通っていた友人から話を聞き、父に相談した。すると、「基地はダメ。そんなに英語が話したいなら、毎日私と英語で話しなさい」と、相当に叱られてしまった。その日から父は英語で話しかけるようになった、が、私は応えなかった（笑）。

高校一年の英語の授業はぜんぶ英語で行なわれていた。だが、高校の授業も退屈だった。それでも一人でできることは相変わらず続けていた。映画のセリフや洋楽の歌詞を聴きとる訓練（ディクテーション）をしたり、テレビでアメリカ軍放送FEN（Far East Network）6チャンネルから音楽番組を観たりしていた。FENは映りが悪く、観られない日のほうが多かった。また、当時の国際通り近辺にはMTVを流すカフェが数件あったので、友人と遊びに出かけては雰囲気を楽しんだりもしていた。

高三の授業は、英語オンリーではなくなったが、まったく意欲的にはなれなかった。

だが、夏休みの課題に出された"I have a dream"は一気に読んだ。薄いペーパーバックの本で読みやすく、アメリカの公民権運動を知り、差別問題を考えた。何度も何度も読んだ。そして夏休み明けの授業で聴いたキング牧師のスピーチに感銘を受けた。ちょうどその年、女たちのおまつり「うないフェスティバル」があったと思う。その年は、文部省の通達により、沖縄県教育委員会が学校現場に「日の丸・君が代」の実施とその指導徹底通知があった。数カ月して、私は卒業式を迎えた。学校によってはボイコットがあったり、生徒会による自主運営があったりと、けっこう物々しいものであったと記憶しているが、進学校の卒業式の思い出は静かだった。でも、嫌な気持ちだった。

さて、ここまで、自分史を書いてきて浮き彫りになったのは、初めての英語教育では、アーミー・メソッドに出会っていたということだった。また、子どもながらにも、アメリカへ憧れるのと同時に抑圧も感じていた。その抑圧からの解放として、うちなーぐちや笑いによる抵抗があったのだろう。やはり、私は植民地で育った子どもだったのだ。沖縄を脱植民地化するワッターELTとは、どのような指導者のもとで英語教育がなされてきたのか掘り起こすと同時に、植民者にあらがう沖縄の抵抗を見つけ出すことだと言える。これを機に、多くの英語教師の実践とライフストーリーを掘り起こし、未来へと実践を伝えていきたい。

（註1）琉球列島米国民政府 United States Civil Administration of the Ryukyu Island（ＵＳＣＡＲ）。一九五〇年から一九七二年までの沖縄統治のためのアメリカ政府出先機関（『沖縄県公文書館』<http://www.archives.pref.okinawa.jp/publication/2012/12/uscar.html>［二〇一四年二月二十二日アクセス］）。

（註2）英語センターは、一九六三年八月六日付琉球列島米国民政府布告第十九号にて、ＵＳＣＡＲの付属機関

として設立計画が発表され、設置された。石原昌英は、USCARの資料から「一九六四〜一九七〇年にかけて英語センターの沖縄人受講生六三一九名中、米軍基地関係者が一五三七名と最も多く、教員（現職と採用予定者）の数は基地関係者のわずか三分の一程度の五〇〇名余だった」ことを明らかにしている（Masahide Ishihara, "USCAR's Language Policy and English Education in Okinawa: Featuring High Commissioner Caraway's Policies", the Okinawa Journal of American Studies, No. 1, 2004）。

（註3）小川忠によると、「オーディオ・リンガル・メソッドは、教師と生徒間で正確な英語文例の反復練習を繰り返し、短期で集中的な特訓をして成果をあげるため、米軍の語学教育に取り入れられた方法論であり、そのため、陸軍の特別訓練に、オーディオ・リンガル・メソッドが導入されたことから、アーミー・メソッドとも呼ばれた。五〇年代に世界じゅうに普及したが、教養主義的な英語・英文学鑑賞ではなく、実用性と即効性を重視する軍隊式の英語教授法であった」（小川忠［二〇一二］『米国の対沖縄パブリック・ポリシー（一九四〇―一九六八）の研究――琉球大学の創設と沖縄知識人の反応』<http://dspace.wul.waseda.ac.jp/dspace/bitstream/2065/39993/4/Honbun-6047_05.pdf>［二〇一四年四月二十三日アクセス］）

桃原一彦

世代間の断層と再政治化

（沖縄からの報告39・二〇一三年五月号）

村上春樹の長篇小説『1Q84』のなかで、「いじめ」に関する次のような会話の場面がある。

「……だっていじめというのは、相手に自分がいじめられていると気づかせるのがそもそもの目的なんだもの。いじめられている本人が気がつかないいじめなんて、そんなものありえない」「自分が排斥されている少数の側じゃなくて、排斥している多数の側に属していることで、みんな安心できるわけ。ああ、あっちにいるのが自分じゃなくてよかったって。どんな時代でもどんな社会でも、基本的に同じことだけど、たくさんの人の側についていると、面倒なことをあまり考えずにすむ」

（『1Q84　BOOK1〈4月―6月〉前編』、新潮文庫、二〇一二年）

たしかに、右記はフィクションの世界における語りである。しかし、そこにはきわめて重要な命題が明示されている。すなわち「自分が排斥される側になってしまう、あるいはそれに気づいてしまうと、面倒なことばかり考えなくてはならなくなる」という憂鬱な問題である。「いじめ」とは異なるが、沖縄に対する差別や抑圧の現実認識に関しても、同じような憂鬱な場面に遭遇する。

私は、月に一度「沖縄タイムス」でコラムの執筆を担当している。今年（二〇一三年）の二月と三月は、米軍基地の問題に関する世代間の意識の断層、とりわけ沖縄の若者たちの「右傾化」「保守化」をめぐる言説とその現状について執筆した（二〇一三年二月二十六日、三月三十一日付）。簡単にその内容を紹介しておこう。

昨年度、私が沖縄国際大学で担当した講義において沖縄の米軍基地をめぐる問題についてレポートを作成し提出した学生らの記述に、ある共通の文言を発見した。主なものを列挙してみる。

「在日米軍の七五％が沖縄に集中しているというのは間違いで、実際はもっと低い数値」
「基地がなくなれば沖縄の経済は成り立たない」
「犯罪を起こす米兵はごく一部で、沖縄県民の犯罪発生率に比べればかなり低い」
「沖縄県民は米兵を差別している」
「沖縄のマスコミは感情的で客観性がなく、偏向報道だ」

学生らによるこの種の記述は、昨年度、突如現れた。偶然かもしれないが、市民によって普天間基地の主要ゲートが封鎖され、MV22オスプレイが同基地に強行配備された十月以降からである。私自身、〈オール沖縄〉のスローガンが政治的に台頭して以来、その分断を試みるかのようなネガティヴ・キャンペーンをサイバー空間上でたびたび目撃してきた。それらのサイトでは、学生らの記述とほぼ同じような文言が多用されている。学生らのレポートには、引用した事柄や数値データなどの出典がほとんど明記されていない。唯一、出典を明記していた学生は、ツイッターや個人のブログからそのまま記事を転載していた。

ここで気にかかるのは、沖縄に対する抑圧の根源としての軍事基地や軍隊をめぐる制度的不条理および歴史性に関する視点がほぼ欠落しているという点である。それは「最近の若者は無知だ」などという類いの問題ではない。四月六日の「沖縄タイムス」で紹介された二十二歳の沖縄人青年《うちなーにーせー》のように、普天間基地ゲート前の抗議活動に積極的に参加し、「大学生とかも増えた感じがした」という実例もある。沖縄の若者は「無知」ではない。

しかし、先のような記述が平然と行なわれていることも看過できない。なぜなら、あのような記述行為は、自身も（その家族や友人も）差別、抑圧の対象でありえるという認識の自発的抹消であり、言説空間の無限ループ上で自らを蔑みつづける自傷行為にほかならないからだ。それは、当事者として「面倒なことばかり考えなくてはならなくなる」憂鬱への一種の防衛であり、被差別世界に内閉された差別の循環運動といえる。皮肉なことに、レポート課題の共通テーマは「身近な差別現象」であった。

これらの問題について言及した私のコラムが掲載された日、大学の研究室に一本の苦情の電話が入った。その匿名電話の主は「沖縄タイムス」と私を一括して「マスゴミサヨク」と呼んだ。その翌日、私のコラムを読んだというある学生が研究室を訪れ、レポートを書いた学生たちを「ネットウヨク」と表現した。

旧来の「左翼」「右翼」の意味で言うならば、私や沖縄の新聞メディアは社会主義革命を目指すユートピア思想の持ち主となる。また、先のレポートを書いた学生たちは現人神を崇め、皇国史観に基づいた軍国主義への回帰を唱える者たちとなる。だが、そのいずれの表現も全く空虚な言辞でしかない。「サヨク」「ウヨク」という記号の安易な伝播に比べ、事態はもっと複雑なはずである。

社会学者の辻大介と藤田智博によると、排外主義的な態度に基づくヘイトスピーチをサイバー空間上で行ない、街頭での示威行動を呼びかける「ネット右翼」のコア層は、インターネットユーザーの一〜三%程度にすぎないという（小谷敏他編『若者の現在　政治』、日本図書センター、二〇一一年）。注目したいのは、コア層の書き込み内容に共感し、寛容な態度をとるシンパ層である。

辻らによると、シンパ層は、コア層に比べ「愛国心」をそれほど抱いているわけではない。むしろ「この国はダメだ」という認識さえもっている。概してシンパ層とは、日常の不満や不安を払拭するための「はけ口」としてコア層の扇情的だが空疎な言葉（プラスチック・ワード）にぶら下がっているにすぎない。

たとえば、シンパ層はコア層が披露する妄想めいた世界観（「あの新聞社は左翼に支配されている」など）に依拠する形で、情報社会の中核に居座るマスコミに対して鬱屈を吐き出そうとする。「沖縄の新聞は偏向報道だ」という場合も、その記事に何が書かれているかはあまり重要ではない。いかなる報道内容であれ、「沖縄」という集団的主体が声を上げ、権利を主張すること自体を嗤う。つまり「オキナワ」という記号を「ネタ」にし、メディア・イベントに参加するという「ノリ」の感覚がある。

だが、コア層とシンパ層のあいだに認識や感覚のズレがあるとしても、大きな問題を孕んでくるだろう。すなわち、「サヨク」「ウヨク」などのお手軽な記号がサイバー空間上で多発するとき、それがわずか数人のコア層による書き込みであったとしても、場合によっては数百人が書き込みしているかのような印象を生じさせる可能性がある。社会学者の佐藤卓己らが指摘するように、それは理知的な公論としての「輿論」（public opinion）ではなく、情動的な吹き溜まりとしての「世論」（popular sentiments）の膨張であり、実態から乖離した虚像を増殖させてしまう問題へと直結している（『輿論研究と世論調査』、新曜社、二〇〇七年）。

ところで、サイバー空間上のヘイトスピーチに共感し依拠する若者たちは、「世代間格差」という言葉が象徴するように、経済的・社会的排除の問題を少なからず抱えている。非正規雇用で働く若者の増加を「質の劣化」とみなし、構造的な問題であるはずの経済不況の一因として若者叩きが行なわれるなど一種のモラル・パニックさえ横行してきた。流動的な勤務シフト表と管理システムに時間と肉体を支配され、使い捨てにされ、挙句の果てにバッシングを受けるこの国の若者が、既存の社会秩序と自己にさえ肯定感をもちえないのは当然だ（小谷、前掲書）。

さらに、今日の若者たちはその閉塞状況を「自己責任」で打開するように刷り込まれ分断を余儀なくされている。〈生存〉と〈承認〉の困難を抱えたかれらの存在論的な不安は、他者への不寛容と排外的衝動に結びつきやすい。とくに自己責任論に価値をおく者ほど、自分よりも「下」だと思われていた〈隣人〉が一丸となって権利を主張するとき、かれらの主張に相対的な剝奪感を抱き「特権」とみなしてしまう。

子どもの貧困率、さらに「ひとり親世帯」（なかでも母子世帯）の貧困率が深刻な日本のなかで、沖縄はどうだろうか。沖縄県は完全失業率が最も高く、一人当たりの平均所得は最も低い。年収に占める負債率は最も高く、貯蓄率は最も低い。離婚率とともに母子・父子世帯の割合が最も高く、生活保護受給世帯数の割合もきわめて高い。零細サービス業が肥大する産業構造のなか、開業率、廃業率ともに一位だ。福島第一原発をはじめ、県外企業の期間労働者として沖縄と日本を何度も往復せざるをえない者も少なくない。つまり、ここ沖縄では、角逐の激しい非正規雇用の現場を中心に〈生存〉を求める老若男女があふれかえっているのである。さらに付言するならば、沖縄における〈生存〉の厳しさはいまに始まったことではない。

「復帰」によって、沖縄は日本国憲法のもとに参入することが許された。しかし、米軍基地の過重負担を筆頭に、国民としての尊厳すべてが〈承認〉されたわけではなかった。その一方で、沖縄の人々は〈生存〉をめぐる厳しさを抱えつつも、家族や親族関係、地域社会や文化的基盤など社会的な承認の受け皿となる場が豊富にあった。また、若者が政治の場にコミットすることも歓迎されていた。私自身、小学四年生のころ（一九七八年）、近所の公民館で同級生らと沖縄県知事選挙について語りあうことがあった。さらに、現前する米軍基地のみならず、沖縄戦の体験者の語りを通じて、つまり沖縄戦の死者との対話を通じて戦争や軍隊について考え語りあう機会もあった。

今日の沖縄において、その社会的・政治的・歴史的な〈承認〉の受け皿はあるだろうか。二十〜三十歳代を中心に、地域社会との関係が急激に希薄化しているという気になる調査データがある（『琉球新報』二〇一二年一月一日付）。また、沖縄戦の体験を語ることができる世代も年々少なくなってきた。さらに、沖縄でも「子どもたちを政治に巻き込むな」などの言葉をよく耳にする。沖縄の若者たちが先行世代とともに、社会・政治・歴史にコミットし相互に承認しあう機会は狭められていってはいないか。

いずれにせよ、サイバー空間上に散りばめられたお手軽な共感装置は、沖縄をめぐる政治状況の認識に少なからず影響を与えるだろう。たとえば、沖縄からのあらゆる抵抗は「サヨク」「中国贔屓」と一括りにされ、それをネット上で嗤う沖縄の若者たちは〈オール沖縄〉の「裂け目」として大手マスコミの格好の取材対象となるだろう。また、沖縄の先行世代自身が「保守化」「右傾化」などの安易な言説を用いて、若者たちを「断絶」の象徴として一括処理するかもしれない。

今日の沖縄、そして沖縄を取り巻く日本および東アジアの政治状況を〈左‐右〉という対立軸で説明することには限界がある。それにもかかわらず、その記号だけが生き残り彷徨い続けている。「金属疲労」をおこしたその記号にとり憑かれているのは、サイバー空間だけではないし、若者世代だけではないはずだ。旧い枠組みに状況認識を押し込め、矮小化することで見落とされるものが多いならば、もはやその記号は沖縄に対する差別や植民地主義的抑圧を説明するうえで弊害でしかない。

「天皇メッセージ」(註1)からわずか五年、サンフランシスコ講和条約が発効された一九五二年四月二十八日、日本は主権を回復し、沖縄は質草のように切り捨てられた。「五五年体制」に落着したあとの日本においては、「節目」では「安保闘争」という国民的規模の先鋭的な運動が繰り広げられたが、その後、戦争責任論は国内で自閉化し、戦後責任論は旧植民地への経済支援や経済協力が進むなか形骸化していった。

「復帰」以降も戦争、軍隊、軍事基地が置き去りにされた沖縄は、「安保」「国防」「憲法」の布置関係をめぐる運動ロマンチシズムの最後の聖地となった。おまけに、日本中心主義的な戦争責任論と戦後責任論の最終形のごとく登場した「自虐史観」や「歴史修正主義」は、もれなく沖縄をターゲットにした。

地上戦を自身への責めとして抱え込み、一方ではヴェトナム爆撃の前線基地として「悪魔の島」と称される沖縄から見れば、〈左‐右〉の対立軸とその論陣は思想的貧困の象徴である。だが、沖縄においてもこの枠組みにすがりつく者が少なくない。もしかすると、沖縄の若者は自傷しつつ、その錯誤を嗤っているのかもしれない。つまり「左」「右」どちらであろうと、その枠組みに胡坐をかき、惰性を持続させ、既得権益にしがみつく既成の団体・組織・運動体の本質を衝いているのかもしれない。

私たちは、世代間の不和や軋轢を肯定的に捉えつつ、あらゆる世代がそれを存在論的な〈承認〉の場へと成熟させていくために、どのような条件を整えなければならないのか。まず、注意しなければならないのは、大人が大人に向けて語るための沖縄「若者論」を論じ、それを政治的な資源として利用してはならないということだ。私を含む先行世代は、若者たちとともに社会的・政治的・歴史的な言語を編み出すための場を創出する必要がある。

（註1）「天皇メッセージ」とは、一九四七年九月、宮内府御用掛の寺崎英成を通じてシーボルトGHQ政治顧問に伝えられた、米国による沖縄の軍事占領に関する昭和天皇の見解のことをいう（同メッセージは、一九七九年に発見され紹介された）。その内容とは、概ね次のようなことになる。
米国による沖縄占領は、日米双方に利することとなり、共産主義勢力の影響を懸念する日本国民から賛同が得られやすいということ。よって、天皇は、米国による琉球諸島の軍事占領の継続を望んでいること。それは、日本の主権を残存させた形での長期租借（二十五～五十年またはそれ以上）のうえでなされること。その手続きは、日本と米国との二国間条約でなされるべきであること、などとなっている。
「天皇メッセージ」はマッカーサーとマーシャル国務長官に伝えられ、さらに国務省政策企画室長のケナンへと伝えられた。ケナンは政策企画室の報告書においてこのメッセージを取り上げ、沖縄の長期保有を正当化する論拠として活用している（「沖縄を知る事典」編集委員会『沖縄を知る事典』日本アソシエーツ、二〇〇〇年）。

（沖縄からの報告42・二〇一三年八月号）

それぞれの「構築される信念」

ウチナーンチュの私は、戦後このかた「日本兵に防空壕から追い出された」と、沖縄住民側の体験談を数多く聞かされてきた。ところが、敗戦後の六十七年間、「自分は沖縄の避難民を壕から追い出した」という元日本兵の話は一度も聞いたことがない。

右記は、本年（二〇一三年）七月七日「琉球新報」読者投稿欄に掲載されていた文の一部である。かれが訴えているのは、沖縄戦の記憶の継承だけではない。幼くして沖縄戦を生き延び、軍統制下の戦後を生き抜いてきたかれの記憶には、あまりにも沖縄的な〈軍命〉が作動している。かれは、戦中・戦後一貫して沖縄を規定し続ける〈軍命〉の解除を日本人の語りに求めているのである。

六月の沖縄の空気は、鉛のように重い。「慰霊の日」の厳粛さだけがそうさせるのではない。いまだに日米の〈軍命〉から解放されないなかで、戦争と戦後を生き延びた者たちが肺の奥底から嘆息を一斉に吐き出すからだ。また、一九五九年六月三十日の宮森小学校への米軍戦闘機墜落事件は、大学キャンパスへの米軍ヘリ墜落事件を目の当たりにし、連日オスプレイの爆音に悩まされる者たちの身に重くのしかかってくる。

そんななか、沖縄戦トラウマ協会は、沖縄戦を体験した高齢者の約四割が心的外傷後ストレス障害（ＰＴＳＤ）を発症したり、今後発症する可能性があるという調査結果を発表した（「沖縄タイムス」二〇一三年六月十四日）。沖縄戦体験者は、肉親らを失ったこと、守れなかったこと、自身が生き残ったことを責めつづける膨大な時間との闘いに直面する。また、それは訓練と戦闘経験によって凶器（狂気）と化した米兵たちが跋扈するなかでの、気の遠くなる残酷な日々である。そのような戦争と戦後を生き抜いたすべての人が記憶を語るわけではないし、すべてを語り尽くせるわけではない。ましてや、次世代がすべての経験を聞き取り、すべての記憶を継承することができるわけではない。

それでも沖縄の人々は、自傷的な記憶を言語化すること、そして〈語る〉という関係性において自らの存在論的不安を緩和し、自我を保つことができたのではないか。沖縄国際大学の私のゼミに所属していたある学生は、講義の課題で沖縄戦の体験に関する聞き取りを自身の祖母に対して行なった。その学生は、幼いわが子が倒れ目前で息絶えていったときのことを涙ながらに語る祖母と、聞き取りを終えたあと抱きあいながら泣いたという。たとえすべてを共有できないにせよ、その語りの空間は、学生と祖母が築き上げた〈信〉をおける記憶の共同体である。それは、いまだに終わりの見えない戦争状態と植民地状態の沖縄で〈わたし〉を生存させるために築き上げた独自の空間である。

だが、そのささやかな関係性に基づく〈信〉の空間に対して、為政者らは今日でも〈軍命〉を下そうとする。たとえば、本年五月十三日から相次いだ、日本維新の会の橋下徹共同代表（当時大阪市長）の「慰安婦」制度をめぐる一連の発言もその一つだ。橋下は戦場の兵士による性暴力および沖縄における「海兵隊猛者の性的エネルギー」に「慰安婦」制度をあてがう必要性などの持論を展開した。さらに七月五日、選挙の応援演説のため来沖した橋下は、「（米兵による）レイプを止めるために、沖縄県の女性が一生懸命になってやってくださった」と言い放ち、臆面もなく「感謝の念」を表した。私にとっては、二〇一一年、菅直人首相（当時）が国会の所信表明演説において、沖縄の過重な基地負担に「感謝の念」を表したときのような既視感があった。いずれにせよ、それらは沖縄に対するさらなる犠牲を前提とした〈軍命〉に等しい。

橋下の一連の発言には、どのような力が働いているのだろうか。その手がかりとして、社会学者の上野千鶴子が提起した「慰安婦」問題をめぐるパラダイムについて紹介しておきたい（『ナショナリズムとジェンダー』青土社、一九九八年）。「パラダイム」とは、科学者らによって共有されている問題解釈のパターンのことを言う。上野によると、一九九一年に韓国の金学順ら元「慰安婦」が告発する以前の、「慰安婦」問題を扱う解釈の仕方は次のように分類できるという。すなわち、女の性を家長の所有物と捉える「家父長制」パラダイム、女の性を同民族の男性の所有物と捉える「民族主義」パラダイム、戦時には強姦はつきもので「慰安婦」制度を仕方がないものと捉える「戦時強姦」パラダイム、そして「慰安婦」たちの自主性を強調しつつ、その責任を彼女らに帰属させ、暴力や搾取の問題を無効にしようとする「売春」パラダイムである。

上野の提起をもとに橋下の発言内容を読み返すと、ほぼすべてのパラダイムを含み込んでいることがわかる。たとえば、沖縄の女性への「感謝の念」は、軍隊の性暴力から「健全な家庭」の「日本人女性」を守ってくれたという意味において、「家父長制」と「民族主義」に基づいた発言となっている。もちろん、それは「戦時強姦」パラダイムを前提としているが、軍隊の圧制を余儀なくされた社会では「植民地強姦」パラダイムと言い換えることもできる。いずれにせよ、戦後日本の既定のパラダイムを踏襲したかれの解釈は、当事者の沈黙を前提としたうえで、女性を所有の対象とし、一方的な代理表象とまなざしに曝すような言説空間を開示している。

また、橋下発言における代理表象の対象は男性の性的衝動とその操作方法にも向けられている。逆説的だが、かれの発言は、男性の〈性〉と〈生〉のあり方が戦争、軍隊組織、軍事訓練の特殊なシステムのなかで極度の抑圧を受け、他者の尊厳を破壊する、歪んだ「男性性」が生み出されることを暴露したことになる。そのため、米国政府は橋下発言にすばやく反応し言語道断と批判はするものの、規律統制された健全な軍隊というメッキをいまさら日本人によって剝がされたことに苛立ちを隠せないでいる。なぜなら、沖縄における植民地主義的な歴史と現状を鑑みれば、米国政府（とその軍隊）は、沖縄ならびに沖縄の女性を、日本人が積極的に献上した「戦利品」だと認識しているのは明らかだからだ。よって、橋下発言が用意した言説空間において、植民地主義と性差別主義をめぐる日米の共犯性を見抜かなければならない。

さらに、橋下発言では、公娼や風俗業および「職業選択の自由」が挿入されることによって女性の自由意思が強調され、あらゆる権力関係と軍隊の暴力性や搾取の問題が無効にされている（「売春」パラダイム）。社会学者の菊地夏野は、「慰安婦」と売買春の問題が〈「強制」か「自由意志」か〉という倫理的対立軸で峻別され矮小化されるとき、その議論が女性たちを分断し、性差別主義の共犯に巻き込んでしまう問題を指摘している（『ポストコロニアリズムとジェンダー』青弓社、二〇一〇年）。つまり、議論の方途は「健全な家庭」を模範とした女性の行動規範と、そこから逸脱する「特殊な女性の問題」との対立軸へとシフトし、性差別主義とそれに基づく権力関係や暴力性は隠蔽されてしまう。

上野が提起したパラダイムならびに菊地が指摘した倫理的対立軸の弊害は、為政者らの言説実践のなかで応用を繰り返され、再生産されている。また、それは私たち一人ひとりの捉え方にも波及する。

実際、私のゼミのある学生は、橋下の発言に関する報道を聞いたとき「公設の慰安所が作られれば、米兵のレイプ事件が減るのでいい方法だと思った」という。同様に、それは旧日本軍第三十二軍司令部壕の説明板から「慰安婦」や「住民虐殺」の記述を削除したまま沈黙を守り、橋下が開陳した言説空間に加担し続けている沖縄県政の姿勢をも照射する。社会学者の玉城福子が問題提起したように「米軍基地に起因する事件が起きるたびに沖縄戦での住民の被害が言及される一方、『慰安婦』の被害が思い起こされないのはなぜか」（牟田和恵他編『競合するジャスティス』大阪大学出版会、二〇一二年）。私たちの日常では民族主義や性差別主義の誘惑がつねに浮沈を繰り返している。

ところで、沖縄においても、戦争と植民地主義の暴力に加担するような諸言説を、確固たる「信念」として使用する者が少なからず存在する。私は、六月の下旬にその「信念」を所有する者たちと語る機会があった。かれらは、私とその仲間による脱植民地化を目指す実践活動に対して疑問を抱き、抗議のため大学を訪れていた。かれらの発言で非常に驚かされたのは「沖縄は戦争に巻き込まれる宿命にある。沖縄戦も宿命だった。宿命は変えられないが、信仰によって乗り越えることができる」というものだった。つまり、私やかれらの親族の死を含め、県民の四人に一人が亡くなった沖縄戦は〈軍命〉によるものではなく「宿命」であり、それは信仰心に起因するのだという。かれらの「信念」には、信仰と国家のあり方を結びつける国体論の視点があり、沖縄人の欠落を埋めるための過剰な物語の備給があった。

かれらはある教義と信仰を有し、その全国組織に所属するのだという。かれらは「中国からの工作員がすでに潜入している」「このままでは沖縄はチベットの二の舞になる」という言辞を並べ、「もっと真実を知りなさい」という忠告とともに団体機関紙を置き土産に帰っていった。その機関紙は「自虐史観」の除去を鼓舞し、「中国による侵略」という国家的危機の想定を呼びかけている。

ここで、かれらを「狂信的」「極右的」な新宗教と断じようとは思わない。たとえ、それがとうてい受け入れられない異質な「信念」に基づく行動であったとしても、それが現実に沖縄で実践されている以上、その集合行動の社会的意味を読み解き、あらゆる事態に備えておく必要があるだろう。

宗教社会学者の大谷栄一は、ある「信念」に基づく宗教集団の実践活動を宗教運動と捉え、信者と非信者との相互作用において、その運動が社会的に構築される過程を分析している（大谷他編『構築される信念』ハーベスト社、二〇〇〇年）。宗教運動とは人々の心に働きかけて回心（信念の変化）を生じさせることであるが、なかでも新宗教は会員皆布教者制をとりながら積極的に世俗に介入し、日々の社会関係を介した実践活動を行なう。

新宗教の運動を社会学的に捉えるとき、有効な分析概念の一つが「フレーミング」である。フレーミングとは「意味づけ作業」であり、特定の出来事や状況、対象、経験に対して単純化された解釈を与える一定の枠組みのことを言う。運動の実践主体は、問題の原因と責任の帰属を明らかにし（診断的フレーミング）、問題解決の方法と戦略のターゲットを提示し（予後的フレーミング）、具体的な実践行為を対象者に促す（動機的フレーミング）。そして、潜在的な成員や支持者を動員し、傍観者の支援を獲得し、敵対者の解体を図るための行為をとる。よって、運動の成否は、そのフレームに対象者が共鳴するか否かにかかっている。

フレーミングの概念で捉えると、新宗教の運動実践は通常の社会運動や政治運動と原理的に同じであることがわかる。だが、私に対し「宿命」論としての「信念」を披歴した者たちは、信仰の中央集権的な指導関係において対象者を論破し、敵対者を誹《そし》るような方法論を実践しようとする。その一方で、あまり信仰を前面に出すことなく、「国体観念喪失者」に対して「国民的反省」を迫り、修養と自覚を求めようとする。

かれらの過剰なまでのフレーミング実践は、経験的な信憑性、体験的な共時性、物語的な迫真性などにおいて対象者の共鳴を多くは得られないだろう。だが、それが信念の変化を生じさせなかったとしても、「わかりやすい怨敵」を名指すような諸言説が非成員間で手軽に複製され、利用される可能性は残されている。つまり、その言説実践は、戦争状態と植民地主義的状況における〈軍命〉を「宿命」にすり替え、結果的に沖縄の犠牲を前提とした国体観念との親和的な社会状況を構築してしまう。

私たちは、あまりにも手軽な〈軍命〉への引き込み線に対して、どのような抗いが可能なのだろうか。「慰霊の日」の前日、私たちはコザの街で沖縄と福島について語り合うワークショップを開催した。参加者らは自らの生まれ地《しま》を見つめつつ、自らの経験を自らの言語で語りあった。そこには、不意に外部から持ち込まれ、押しつけられた「信念」などなく、過剰な言辞も一切なかった。だれもが植民地主義と差別主義の犠牲、抑圧、矛盾、苦悩を抱え、決して饒舌ではないがそれを言語化し、自らの「沖縄」を紡ぎだしていった。その言葉を共有しつつ、それぞれの持ち場で編み直した人々は、翌日、それぞれの〈信〉に基づいて祈りの時間を過ごした。抗いと〈信〉は、決して大げさなことではなく、それぞれの立ち位置から、ささやかな日常から始めることができる。

二〇二〇年の〈喪〉とポワカッツィのゆくえ

（沖縄からの報告45・二〇一三年十一月号）

アメリカの映画監督ゴッドフリー・レジオの作品に『コヤニスカッツィ』（一九八三年）と『ポワカッツィ』（一九八七年）というドキュメンタリーがある。

「コヤニスカッツィ」とは、アメリカ先住民ホピ族の言葉で「平衡を失った世界」のことをいう。同作品は、カメラの撮影速度や編集技術を駆使し、あらゆる資源を貪る現代の物質文明と大量消費生活の危うさを映像と音楽のみで表現する。近代都市を縦横に埋め尽くす大量輸送装置、天をえぐる鋭利なオフィスビル、のっぺりとした高層団地群、ベルトコンベア上を間断なく流れる加工食品、そして煌々とした不夜城を駆け回る群衆など、超微速度映像が次々と展開する。私は、その音と映像の攻勢にタイトルどおりバランスを失い、目眩にも似た感覚をおぼえた。

一方「ポワカッツィ」とは、やはりホピ族の言葉で「自己の繁栄のために他の生命力を食い荒らす生き方」のことを意味する。同作品では、伝統文化が息づく社会とそこに生きる人々の静穏かつ躍動的な姿が、スロー再生のように描き出されている。つまり、それは猛烈な勢いで領土を拡大するコヤニスカッツィによって征服の対象にされ、食い荒らされつつある世界なのである。しかし、同作品においては『コヤニスカッツィ』と違い、個々の鋭い眼光を覗きこめるほど、その登場人物たちの輪郭や表情を鮮明に捉えることができる。

この二本の作品に描かれた時間と空間の圧倒的な断層は、今日の日本においても容易に看取することができる。

本年（二〇一三年）九月七日、二〇二〇年オリンピック・パラリンピックの東京招致に向けて、安倍晋三首相がアルゼンチンで発した断定的な身振りには、酷薄なほどの断層を読み取ることができる。すなわち、福島第一原発の地上タンクから汚染水が漏洩している問題について言及したさいの、「完全にブロックされ、コントロールされている」「東京にダメージを与えない」という一連のメッセージだ。

これらのメッセージが含有する深刻な断層は、「オセンスイ」問題だけから想起されるのではない。そこには、帰還が叶わぬどころか、津波にさらわれたわが子を捜索することさえブロックされ、コントロールされている者たちのあまたの虚ろな眼と、オリンピック好景気を勘定する者や「東京は大丈夫だ」と勇ましく豪語する者たちとの、絶望的な断層があるのだ。

ここまで記したことは、軍隊によって土地をブロックされ、日米両政府によって様々な権利をコントロールされてきた沖縄の人々にとって身に憶えのあることばかりではないだろうか。「復帰」の前と後に長年積み重ねられた抑圧の地層は、沖縄の〈いま〉〈ここ〉という表土からも造作なく切り出すことができる。

本年八月、米国が日本に向けて発した「接受国通報」は、有無を言わさずに新大型輸送機MV22オスプレイを普天間基地に追加配備させた。そのさなか、米空軍救難用ヘリHH60ブラックホークが、集落や飲料水用ダムからほど近い宜野座村の米軍キャンプハンセン内に墜落炎上し、乗員一名が「遺体の一部」となって発見された。重大な事故であるにもかかわらず、この国の法のもとで一定の権限や権利が認められている消防、警察、行政、そしてマスコミ等のあらゆる機関は、フェンス内で起きたその出来事の全体像を把握することができない。まるで、二〇〇四年八月十三日、沖縄国際大学で発生した米軍ヘリ墜落事件と同じ構図だ。

たしかに、日々沖縄で再認識させられるのは、米軍の強権ぶりとともに、米国に対する日本の政治姿勢の従順さである。よって、帝国主義の元凶を米国に求め、日本と沖縄との間にある政治的、社会的な断層が日本政府の「ドレイとしての優秀さ」に起因していると表現したくなるような構図が、ここ沖縄の表層では見出しやすい（竹内好『近代の超克』筑摩書房、一九八三年）。

だが、表層において米国に対する従順な優等生ぶりを発揮する日本政府は、一貫して沖縄社会を抑圧するアクター（行為者）であり、主体に他ならない。

一九五〇年代、日本政府は国内で激化した米軍基地反対運動に即座に対応し、当時岐阜県と山梨県に駐留していた海兵隊を沖縄に移転させた政治的経験がある。その一方で、過重な基地負担の軽減を求める沖縄県民の声を幾度となくかき消し、沖縄駐留海兵隊を沖縄県外に移転することが可能だという米国からの申し出を度々拒否してきた。米国側の提案を拒否しつつ、沖縄の民意を無効にするその政治的な主体性は、昨年末、森本敏前防衛大臣の退任前記者会見において証明された。かれは、普天間基地の移設先について、臆面もなく次のように語ったのである。「軍事的には沖縄でなくてもよいが、政治的に考えると沖縄が最適の地域だ」。

麻生太郎副総理は憲法改正論議の文脈においてナチスの〈手口〉をひけらかし、安倍首相は「終戦記念日」追悼式の式辞でアジア諸地域に対する加害と反省の言葉を封印した。そして、防衛省は「新防衛計画大綱」に自衛隊への海兵隊機能の確立を明記し、二年後のオスプレイ導入を目指すための調査費予算を計上しつつ、米軍海兵隊との合同訓練を加速化させている。

この国は米国の覇権を巧みに活用しつつ、沖縄社会、アジア諸地域、そして日本国民に対して一貫したメッセージを積極的に発信している。沖縄に対しては「再捨て石化」を、アジア諸地域に対しては「アメリカ的」なる日本のヘゲモニーを、そして日本国民に対しては自虐的なまなざしの排除と外部の脅威に対する国民としての自覚を発し続けているのである。

もちろん、国家権力のアクターの姿やその主体的な身振りを政府や官僚組織のみに絞り込むことは、視野狭窄的な考察に陥ってしまう可能性がある。安倍首相や麻生副総理は、戦後日本という「平衡を失った世界」の今日的なジョーカーに過ぎない。

オランダの政治学者K・v・ウォルフレンは、日本の国家権力について、中枢を持たない「システム」と表した。それは政・官・財のそれぞれに居座る「管理者階級」が相互に勢力を抑止し、その均衡状態のもとで共に利益を獲得しようとする権力である（『日本／権力構造の謎』ハヤカワ文庫、一九九四年）。管理者階級は、それぞれの職務や権限および安定的に利益を引き出してきた既定路線にしがみつき、政治的な決断や意思決定など組織としての説明責任をできるだけ回避しようとする。また、そのシステムの一翼には大手マスコミ、広告代理店、政府系シンクタンク等も含まれており、それらは均衡権力の従順な拡声器を担っている。

国家権力を中枢のないシステムとして捉える見方は、かつて思想家の丸山眞男が提起したように、軍国主義下の「国體」を起源とする「多頭一身の怪物」や「無責任の体系」へと遡及することができる。ウォルフレンは丸山の思想に依拠し、今日の日本における国家権力のありようを戦時統制下の遺産であると論ずる。その文脈においてみれば「原子力ムラ」や日米安保体制等の均衡権力に座する者たちが、重大事故の局面にさいしても誰も責任を取らない（取りたがらない）状態にあることは察しがつく。

しかし、ここでもう一度「コヤニスカッツィ」と「ポワカッツィ」との関係、とりわけ後者の言葉が意味する「自己の繁栄のために他の生命力を食い荒らす生き方」を思い出してみよう。それは、哲学者の高橋哲哉が提起した「犠牲のシステム」の概念で読み替えることができる（『犠牲のシステム　福島・沖縄』集英社、二〇一二年）。すなわち、ある者たちの利益が他の者たちの生活を犠牲にして生み出され、維持され続ける社会の体系である。高橋が指摘したように、そのようなシステムは、管理者階級に属さない国民マジョリティを否応なしに巻き込んでいく。

高度情報社会を生きる者たちは、国家の強いる犠牲や抑圧の第一義的な責任が管理者階級にあることを熟知している。沖縄の文脈で言うならば、「圧倒的多数派のヤマトンチューの『普通の人々』も、もはやこの問題を知らないと言うことはできなくなった」ことを意味する。ところが、国民マジョリティは、その第一義的な問題に対して無関心であったり、沈黙することにより、結果的に、そのシステムがもたらす収奪的な利益の分け前を得てしまうことになる。つまりポワカッツィおよび犠牲のシステムとは、責任回避の需要と供給において、管理者階級と国民マジョリティが均衡した権力的なシステムなのである。

この国において国家の犠牲と抑圧を背負わされた者たちに対する国民マジョリティの無関心、沈黙、そして責任回避は、先述したような時間と空間の断層をより深刻なものにしてはいないだろうか。とりわけ、それは、二〇二〇年へと向かうカウントダウンのたびごとに、〈喪〉に服すよう国民に要求してくるかもしれない。それは、私たちが犠牲と抑圧の渦中にいることを既に知っているがゆえに増殖してしまう危うさに満ちている。ここでいう〈喪〉とは、燦然たる国家イベントの閃光で視界を暗転させられ、「そこにある」「そこにいる」と既に知っているはずの物事を直視することができなくなる状態だ。アメリカの日本研究者ノーマ・フィールドの表現を借りれば、「国民的記憶喪失症」と言ってもいい（『天皇の逝く国で』増補版、みすず書房、二〇一一年）。

フィールドによると、戦後日本人は、経済的繁栄を象徴する諸々の国家イベントのもとで戦争責任などの批判的自省を圧殺するような自己抑圧を実行し、より洗練された消費行動への規律と服従において、忘却という気楽さを渇望していったのだという。繁栄一点張りの成功モデルのもとで、忘却は、明々白々な抑圧者を見逃し、「犠牲者」という響きをノイズとして脇に追いやり、「疑念を宙ぶらりんに放っておく」気楽さをもたらす。また、国家イベントの儀礼性とその神秘性がもたらす「国がひとつになる」という「高貴な精神」には、黙して語らぬ犠牲者を美辞麗句で回収し、犠牲そのものを正当化しようという欲望がつきまとう。

「できれば意見なぞもたないほうがいい、もっていても言わない方がいい」と自らに言い聞かせ、消費生活とその祝祭で「自由」「平等」「権利」「民主主義」が事足りるのだと信じてやまないこの国のマジョリティは、自らを抑圧してきただけではない。黙して語らなかった他者が自律的な意思に基づいて無関心の風潮に対峙し異議を唱えはじめると、その他者の声すらも圧してしまおうとする。成熟した市民社会においては、繁栄と異議申し立ては相互に影響しあいながら存立する関係にある。しかし、社会の繁栄を「国體」の恩恵に符合させようとするこの国のマジョリティは、不条理に抗う者たちの行為を「恩知らずなふるまい」とみなし、ときに憎悪や敵意さえむき出しにする。

二〇一三年十月一日、オスプレイが米軍普天間基地に強行配備されてちょうど一年となった。市民によって普天間基地の全ゲートが封鎖されたあの光景は、まるで遠い昔のようである。しかし、その市民が日本警察の機動隊によって強制排除されたときの怒号や悲鳴の残響は、連日のオスプレイの重低爆音と重なりあいながら、今でも私の内耳を激しく振動させ何かを衝き動かそうとする。

沖縄にいると、時間と空間をめぐる断層や断絶とともに、それに基づく抑圧者と被抑圧者の姿を随所に確認することができる。よって、そこに住まう普通の生活者が抗いの行動を起こすのは、やりたくて始めたわけではない。そうせざるをえないほどの尋常ならざる状況があるからだ。

その尋常ならざるものには、軍隊との共存・共死という人間性を否定するような招待状が添付された「復帰後の繁栄」にしがみつき、「恩知らずなふるまい」を自他ともに抑圧しようとする状況も含まれている。「恩知らずのままでは日本人になれないぞ」という恫喝めいた指令は、どこから、どのように発せられるのだろうか。「復帰」という祝祭はもちろん、海邦国体（一九八七年）、沖縄サミット（二〇〇〇年）などの国家イベントの際に、沖縄の人々にどのような規律と抑圧が働いたのか、検証する必要がある。

麻生副総理が披瀝したような「誰も気がつかない間に」変えてしまうという手口は、正確に言えば「気がつかないふり」をした人々の行為の累乗化に依拠している。責任回避を伴ったポワカッツィは、沖縄の人々さえも巻き込もうとする。しかし、それが「平衡を失った世界」（コヤニスカッツィ）へと向かう道程である以上、必ずやその危うさと不条理に気づき、抗う者たちが現われる。沖縄社会は、煌々たる〈喪〉と「恩知らずな非国民」の炙り出しを手前で察知しながら、個と国民国家のあり方を、抗う者たちから学び直さなければならない。

「バナナ・ボート」狂想曲

（沖縄からの報告48・二〇一四年二月号）

歳の瀬になると、沖縄でも街はクリスマスの装飾に彩られる。だが、二〇一三年の十二月の沖縄は、表向きの華やかさとは裏腹に、重苦しい嘆息が充満し澱んでいた。なぜなら、仲井眞弘多沖縄県知事が米軍普天間基地の名護市辺野古移設に関する埋め立てについて、「承認」という判断を下し表明したからである。

十二月十七日、唐突に行なわれた沖縄政策協議会以降、まるで時代遅れの政治ドラマを観劇しているかのように、仲井眞知事は東京の病院に引きこもった。病室で缶詰めとなっていた知事の動向を注視しているあいだ、私のなかには、なぜかあの曲がずっと流れていた。ジャマイカ系アメリカ人で社会活動家ハリー・ベラフォンテの名曲「バナナ・ボート」（一九五六年）である。

もうすぐ陽が昇る。オイラはつらい仕事を終えて早く帰りたいんだ。夜通しラム酒を飲みながら働いて、朝が来るまでにバナナを積み上げる。さぁ、ミスター・タリーマン（検数係）、私の運んだバナナを数えてくれ。六房、七房、八房、美しい房だ。よく熟れたバナ〜ナ。猛毒のブラック・タランチュラは隠すこと。

日本政府が沖縄振興策を次々と繰り出し、仲井眞知事が安倍晋三首相のリーダーシップを絶讃し、在京大手メディアが沖縄県の意思決定の中枢が瓦解していく様子ばかりを伝えようとも、私は、知事が「ブラック・タランチュラ」を仕込んでくれていることを判断表明の直前まで願っていた。しかし、「猛毒」を仕込まれたミスター・タリーマンは、知事の方だったようだ。

日本政府は「要請書」を提出した仲井眞知事に対し、三千億を超える「バナナ」の房を目の前に積み上げた。毎度のことながら、それらは消化不良をおこさせ、そのほとんどが沖縄県外へと逆流してしまう、始末の悪い代物である。知事は、そんなものを嘔吐させながら、沖縄の人々を機動隊という暴力的な法執行装置の前線に差し出そうとしている。

ところで、国が捻り出そうとする沖縄振興策には那覇空港第二滑走路関連の予算も含まれている。沖縄県が提示する負担軽減の「要請」や大手メディアの報道等では、米軍海兵隊のオスプレイばかりが注視されているが、自衛隊が次年度以降オスプレイ十七機の導入を明言し、軍民共用那覇空港も配備強化の対象となっていることを見落としてはならない。ましてや、相思相愛の日米同盟において「積極的平和主義」を掲げ、本年施行される「特定秘密保護法」のもとでは、米軍オスプレイの拠点分散が沖縄の負担軽減となる保証は一切ない。日米地位協定のために用意された交渉のテーブルさえ密約可能だ。

とりわけ、秘密保護法の施行後は、マスコミを含むあらゆる団体、機関等の自主規制や自主規律化など主体的な情報統制を社会に敷衍させせかねない。すなわち、それは「安全保障」という名のもとで、沖縄に対する植民地主義的差別をさらなる「公然の秘密」へと強化するものでしかない。知念ウシの著書のタイトルから表現を借りるならば、「シランフーナー」(知らんふり)を正当化する法的根拠を、国民マジョリティに呈示することになるのだ（『シランフーナー（知らんふり）の暴力』未來社、二〇一三年）。国民国家の「シランフーナー包囲網」が強化されつつあるなかで、沖縄の「負担軽減」に関する不確かな「約束」を持ちかえったとき、仲井眞知事が豪語した「いい正月」とは、誰にとっての正月なのだろうか。

そんななか、昨年十二月二十三日に放送されたテレビの報道番組で、映画監督の想田和弘が「公約偽装」という言葉を発していた。それは、昨年大きな問題として報じられた「食品偽装」を捩ったものだが、概して、自民党の沖縄県関係国会議員五氏が普天間基地の移設方針をめぐる選挙当選時の公約を撤回し、辺野古移設容認へと転じた態度を指して表現したものだ。

昨年十一月二十五日、「公約偽装」表明の記者会見において、演壇前面で饒舌に語る自民の石破茂幹事長と、その背後に映る五氏の小さな姿はあまりにも対照的だった。それは為政者としての生命が絶たれた公開処刑のようでもある。五氏の「公約偽装」行為は民主主義を根柢から否定する背信であり、沖縄の政治史上の「汚点」として評され、「裏切り者」「卑怯者」などと糾弾する声も聞かれる。もちろん、今後の説明責任における言動次第では、仲井眞知事も同様に糾弾されねばならないだろう。

実際、この「公約偽装」のような動きは、沖縄の若者たちの政治に対する心的態度に深刻な影響を及ぼすかもしれない。「自己責任論」を刷り込まれ、既に諦念にも似た感覚をもつ沖縄の若者たちの目に、為政者たちの「公約偽装」はどう映るのだろうか。

「沖縄の政治家っていつもこう」

「やっぱりカネに弱いよね」

多年に亘って積み上げてきた沖縄の政治がこのように括られるとき、若者たちは自らを含めた社会を自己内差別するかもしれない。また、私が三年前に本欄で指摘したように、元米国務省のケヴィン・メアが増殖させた「沖縄はゆすりの名人」という言葉が一連の「公約偽装」行為を契機に再生し、沖縄に対する差別的な言説空間を拡大させている（「震災後の軍隊とメアの水脈」、「未来」二〇一一年五月号、『闘争する境界』所収）。実際、私のゼミの卒業生は東京で同じような言葉を浴びせられてきた。また、サイバー空間上でも同種の書き込みが多発している。「公約偽装」の罪は民意を裏切ることだけではなく、様々な意味において沖縄の人々を傷つけることだ。

「公約偽装」のオンパレードを近傍で目撃するような苦悶のなかで、一体どのように沖縄の政治を組み立て直せばよいのだろうか。もちろん、議会制民主主義という既存の制度内で次の一手を打つという方法もあるだろう。十六世紀フランスの思想家エティエンヌ・ド・ラ・ボエシは次のように述べている。

国民が隷従に合意しないかぎり、その者（圧政者）はみずから破滅するのだ。なにかを奪う必要などない、ただなにも与えなければよい。国民が自分たちのためになにかをなすという手間も不要だ。ただ自分のためにならないことをしないだけでよいのだ。（『自発的隷従論』筑摩書房、二〇一三年。カッコ内筆者）

なるほど、ラ・ボエシのこの言葉は「公約偽装」者たちに対し、これからもどのような処遇を下せばよいのかを言い当てているようにも思う。だが、既存の制度や手続きにおいて腐敗を除去し、ただひたすら突き進もうとする「進歩主義史観」のような政治や社会運動だけで、植民地主義的な権力構造のサイクルに楔《くさび》を打ち込むことができるのだろうか。まさしく、ラ・ボエシが指摘するように、問題は、隷従の自発性にあるのではないか。とりわけ、知念ウシや沖縄人社会学者の野村浩也が幾度も指摘してきた植民地エリートの心的性向に関しては、今後も沖縄の社会構造を貫く問題として省察と議論を重ねなければならないだろう。

たとえば、元沖縄県知事の大田昌秀と知念ウシが「沖縄タイムス」の誌上で交わした往復書簡では、沖縄の植民地エリートの心的性向を「事大主義」と表していた（二〇一二年三月二十日、二十二日、二十三日）。それは、つねに宗主国側を向き、その正統性に準拠しながら沖縄社会に処置を施そうとする態度を生みだす。もちろん、それは「都合のいい沖縄人」という型枠にはめ込むような〈訓育〉の産物である。国家に異議を申立て、激しく抵抗するかもしれない植民地社会において抑圧的なシステムを効率よく稼働させるには、植民地エリートの訓育が不可欠となる。

いまの私には、植民地エリートをめぐるこれらの問題について詳述するほどの知識や技量に不足している。だが、教科書選定をはじめとする教育行政が中枢機関に集権化しつつあるという昨今の不穏な動きの中で、次の文献を紹介しておきたい。

昨年八月に逝去した民俗学者、谷川健一氏が監修した『叢書わが沖縄』（木耳社、一九七〇年）には、植民地エリートの心的性向の歴史的根源を知るうえで重要な論考がいくつか掲載されている。ここでは「沖縄学の父」とも称される、伊波普猷の「中学時代の思い出」を取上げよう（原著は一九二六年の「琉球古今記」に所収）。

そこには、沖縄県尋常中学校在校時の伊波の記憶が詳述されている。教師の差別的な発言とともに、逃げ惑う者やすすり泣く生徒たちの片髪《かたかしら》が切り落とされていく場面、沖縄の「風習改良を要する件三以上を選定して各自の意見を付記せよ」と試問される場面、「京阪地方修学旅行」において「本土の文明」と「自家の短所を自覚」させられていく場面等が次々と回想される。そのなかで、伊波自身も「当時沖縄人の柔弱な風を矯正するにはかういふ荒治療が必要であつた」と認める。そして、日清戦争のさい、「支那の南洋艦隊が沖縄を襲撃する」といふ風説に感化された「中学師範の生徒はそれぞれ義勇団を組織」し、首里城に駐屯する熊本鎮台分遣隊を後方支援したという。

この論考からは、明治期沖縄の植民地エリートたちの身体において、心的外傷をともなうような訓育がどのように実践され、規律性がどのように作動したのかをある程度知ることができる。国民としての「協力をいますぐ強要するのは警察」であるが、「教室は将来における国民の協力を確実にする場」なのである(ノーマ・フィールド『天皇の逝く国で』増補版、みすず書房、二〇一一年)。

だが、近現代の公教育における訓育と自発的隷従という文脈で議論を突き詰めるならば、これは植民地エリートに特化した問題ではない。私たちは、伊波普猷を、さらに今日の「公約偽装」者たちを異様な他者として突き放すのではなく、かれらの姿に自己を見出さなければならないのではないか。そして「日本人」としての訓育と規律性を、隷従する主体の完成形として捉えるような思考停止に陥ってはならないのではないか。そのためにも、伊波が訓育による傷痕を裂開させた、一九三〇年執筆の「南島人の精神分析」(同叢書所収)をみておこう。

暗示ばかりかけられて、一部の人々の都合のいゝ奴隷に甘んずるやうなことがあつてはならない。……私達が納めなければならぬ最も尊い税は、個性上に咲いた美しい花でなければならぬ。

植民地社会における訓育と隷従がつねに傷痕をともない、その裂開を日々繰り返すならば、被植民者たちは猜疑心を抱え込みながら未完の「日本人」という行為を遂行しなければならない。それは、知念ウシが述べる「内なる日本人」と言えるだろう。

繰り返すが「内なる日本人」という遂行は、未完であるがゆえに自らを裏切り、裏切った自らをさらに責め続ける。この抑圧の循環装置を言語化できないまま、「オール沖縄」というスローガンにお行儀よく待機していた人々は、その内閉的な囲いの中で、普天間基地の危険性を除去できない自己、「公約偽装」者たちを誕生させてしまった自己を責めたてようとする。ここに、植民地社会における分断統治の根源を垣間見ることができるだろう。

だが、抑圧の循環装置は、植民地の人々の自家中毒だけで構成されているのではない。はっきりさせておこう。共同通信社による全国世論調査では仲井眞知事の判断を「評価する」回答や、辺野古移設「賛成」の回答が五割前後に達し、最も高い数値となった。そして、知事判断後の安倍内閣の支持率は上昇したのだ。ここに、普天間基地をめぐる問題を「解決済みだ」と欲望する「外なる日本人」(知念、前掲書)が見いだせるだろう。

この「内なる日本人」と「外なる日本人」を言語化し、「問題は解決していない」「まだ何も終わっていない」という段階へと政治を引き戻し、現勢化させるためには、どのような営為が必要だろうか。やはり、私は、米軍基地の「県外移設」を主張する意義を提唱しておきたい。

「県外移設論」は、沖縄の人々の身体に刻み込まれた植民地主義的な傷痕およびその痛みや恐怖を押し隠そうとするものを言語化させる。なぜなら、それは「外なる日本人」にとっての「都合のいい沖縄人」から離脱することになるからだ。つまり自らを責めたてる、硬直化した囲い込みから離脱するための実践となる。

この対決的な営為は、自らの政治的立ち位置や「わたしは何者なのか」という自己言及的な問いが必然的にともなうだろう。それは、内なるものと外なるものの境界を露わにし、その境界を揺さぶるような努力のもとで政治的な言論を開示する。

また、その言論空間で編み出された言葉は、不断に更新されなければならない。つまり、党や運動組織、そして国家に先取りされないように、獲得済みのものとして着地させるのではなく、獲得し続けなければならないということだ。

「都合のいい」者として、お行儀よくなる必要はない。沖縄の人々は、米軍基地という「ブラック・タランチュラ」を仕込んだバナナ・ボートを、シランフーナーする者たちに送り返す用意を整えているのだ。「美しい房だ。よく熟れたバナ〜ナ。」

第三部

石田　雄

知念ウシさんへの手紙──『シランフーナー（知らんふり）の暴力』を読んで　（二〇一三年十一月号）

前略

日本語で失礼します。かねてからお書きになったものには強い関心を持ち続けていただけに『シランフーナーの暴力』をお贈り頂き感謝感激の至りです。

御本の題も示す通り、加害者は加害の事実を忘れようとし、被害者は決して忘れることが出来ないという鉄則を改めて強く意識させられる内容でした。特に東京に出てこられた頃からのアイデンティティ摸索の過程も示されたことで、今日の姿勢をよりよく理解できたと思います。すなわち時間的なアイデンティティ形成過程と平行して、今日の生活のなかでの実感から行動を通じて論理が形成される過程を読み取ることによって著者の姿勢がいっそうわかりやすくなったと感じます。

それにしても加害者の側にいる一人として被害者からの鋭い問いかけがなければ、加害を意識できない状態を克服していないことについて、改めて責任を強く感じます。

三・一一以後、福島についても犠牲を周辺におしつける形の「発展」について反省を迫られると、沖縄・福島をあわせて、敗戦後平和憲法の下で再出発をした日本が、じつは戦前と同じ誤りをくりかえしたのではないかと、戦中派として特に責任を感じています。戦争責任や戦後補償の問題に関して少しずつ努力を重ねてきたつもりでしたが、最近の右傾化をみると、その成果が疑われることになります。一九一一年、漱石が「現代日本の開化」と題する講演で「外発的開化」の無理を指摘し、同じ年の『中央公論』の河上肇「日本独特の国家主義」と題する論文で、「天賦人権人賦国権」ではなく「天賦国権国賦人権」という国家至上主義がある種の宗教的心情（それは靖国にも示され教育内容で明らかだと書いています）に支えられていると明らかにしたこの両面が、安保やＴＰＰに代表されるグローバリゼーションと自民党改憲案に示された反動化の両面にまで続いているように思われます。

この本の読者（加害の側にいる）の一人として沖縄からの鋭い問いかけに期待して他人頼みの無責任に陥らないように、なんとか日本の底辺から組み替えをと考えているのですが、九〇歳を超える老人としては肉体的制約で、歩ける範囲内の小さなつながりを通じて世代間交流をし、残された課題の解決策についていっしょに討論する努力だけは続けていきたいと考えています。

それにしても、いつもながら知念さんのひたむきな行動力と、それに伴う問いかけの厳しさに反省させられ、はげまされるというのが、今度の御本の力強さを示していると感じております。このへんの感じをうまく表現できないのが残念ですが、とにかく御礼の一筆、本当に乱筆で読みづらいことを申し訳なく思います。

二〇一三年十月一日

石田　雄

知念ウシ様

［追伸］

これまでの部分はすでにお送りした私信を活字にしたものです。じつは発送する前に御住所を確かめようと未來社に電話をしたら、西谷さんから書評をというお話があり、結局、追伸の形で多少の補足をしたいと思います。内容は大和《ヤマトゥ》で運動の参与（といっても周辺の）観察者としての私が、歴史の反省のうえに今日の課題にどう対処すべきだと考えているかを述べることになるでしょう。

私が運動にかかわった最初の大きな機会は六〇年安保でした。あの闘争は樺美智子さんの死とその二日後の「暴力を排し議会主義を守れ」という七社共同声明後衰退しましたが、これは戦後の運動の転機だったといえます。安保改定阻止国民会議のように既成労働組合の勢ぞろい的動員によって国会に圧力をかけるやり方は、同年の三井三池炭坑の争議以後、第二組合の続出という事態によって事実上不可能となり、指令動員型組織を否定する「声なき声の会」から「べ平連」へという方向が明らかになります。

私個人の反省としては、文学者の集団「若い日本の会」の江藤淳といっしょに松村謙三（なんとこのときには石原慎太郎もいっしょでした）、三木武夫、石橋湛山を訪ねるなど中央の政局に関心を向ける傾向が強かったと思います。『世界』八月号に「現在の政治状況」という題で六〇年安保の総括をする長時間の座談会を丸山眞男ら八人の社会科学者で行なったとき、私が司会をしたのですが、沖縄のことにまったく触れる機会がなかったことを今日からみれば残念だったと思います。

それは六〇年安保闘争が多くの人に支持されたのは、その人たちがなお戦争の被害についての記憶が強く残っていたことが基礎になっていたことの反映だったと思います。別の言い方をすれば加害の面は忘れていたということです。その後べ平連の運動の過程で小田実が、日本人の間にある被害者と加害者の両面性を鋭く指摘してから、政治権力の中枢の問題ではなく、一般日本人の加害の面と、加害と被害の両面性を生み出す構造に注意が払われるようになりました。これは丸山眞男の表現をかりれば「抑圧移譲」の構造とも言えるでしょう。

それまでの運動は、このような重層的な構造のなかに自分を位置づけることが出来なかったため、白黒二元論的な保守対革新の図式で考え、革新組織の動員に頼る面が強かったと思います。つまり被害者と加害者の両面をもつ多くの人たちが「灰色の領域」（プリーモ・レーヴィ『溺れるものと救われるもの』）にいるのだという自覚が欠けていたわけです。

そのような過去の運動体質への反省から、七〇年代以後の反差別の運動では性差別、部落差別、国籍差別など個別の争点に関して、多くの場合が加害意識の自覚を伴う人たちを含んだ自主的参加に支えられたものになります。八〇年代の教科書問題から九五年の村山談話に至るまでの戦争責任、戦後補償をめぐる運動も、戦争中の被害体験だけに頼るのではなく、加害の責任を意識化しようとする関心の変化に支えられていました。この変化を生むには、「従軍慰安婦」として性奴隷化の犠牲となった当事者たちの勇気ある発言が重要な契機となったことは言うまでもありません。

ところが村山談話以後、歴史教科書をめぐる反動が強くなり、冷戦後のソ連崩壊の影響もあって革新政党が急速に力を失い、さらにその後の経済停滞による国民の自信喪失を補う形で作り出された排外主義（ヘイト・スピーチに象徴される）とそれを利用した国家主義の強化がいっそう目立つようになりました。それとともに国の内外での加害の記憶は忘れ去られ、栄光の記憶が作り出されることになります。

このような過去の記憶の再構成を伴う今日の国家主義が、じつは超近代的な要素と前近代的要素との両面によって支えられた複合体であるのが面倒な問題です。超近代的と言ったのは、私が『安保と原発――命を脅かす二つの聖域を問う』（唯学書房、二〇一二年）で指摘したように、沖縄や福島を犠牲にする今日の二つの聖域が、じつは地球的規模での新自由主義的な自己責任論と社会進化論的強者の支配の正当化によって支えられている面を示しています。

もう一つの前近代的な面とは自民党改憲草案に示されている「和を尊」ぶなどの「良き伝統」や「固有の文化」という法の論理とは無縁な心情を動員しようとする要素を指します。河上肇が「日本独特の国家主義」として指摘したある種の宗教的心情を利用している面をあげているのと同じです。河上がこれを書いた明治末には、憲法学界での論争では国家法人説を主張する美濃部達吉の方が、憲法の教育勅語的解釈をしようとした穂積八束よりも優位にあり、新たに国定化された教科書と普通教育を通じて、教育勅語的家族国家論の要素を浸透させようとしたときでした。

それから大正デモクラシーの時代を経て経済恐慌後の普通選挙と治安維持法の実施などによって、天皇機関説を排する「国体明徴運動」が美濃部をすべての公職から追放することになります。久野収の表現をかりれば、普通教育で徹底的に教えられた「顕教」が知的指導者の間の通説とされていた「密教」を圧倒したわけです。

今日、特定秘密保護法を制定し、自民党改憲草案の線で改憲しようという方向は、一九一一年の段階から一九三〇年代までの変化を一挙に実現しようとするものです。

自民党改憲草案の解説では天賦人権論を否定すると書いていますが、それは河上のいう「人賦国権」の原理を基礎とした立憲主義を否定することを意味します。また「文化」や「伝統」を憲法に持ち込もうとするのは、明治憲法に回帰するよりは、さらにそれ以前の時代に帰ることにもなります。

もともと明治憲法第一条で「大日本帝国は万世一系の天皇之を統治す」というなかの「万世一系」は神話的で憲法にふさわしくないから「世襲君主制とする」と変えるべきだというドイツ人顧問の忠

告を容れずに、明治政府は公的解釈書でも神話的説明を入れました。しかしそれ以外は近代憲法の論理にしたがった構成とし、教育勅語で伝統的価値の面を補うことにしました。自民党改憲草案では教育勅語の面までも憲法に入れてしまうという前近代的なやり方をしています。

このような歴史的背景をもった両面的支配、すなわち超近代的な力と金の支配と前近代的な道徳的支配に対して、今日の運動はどのような対抗をすべきでしょうか。多層多様な利益配分を伴う力の支配に対しては、多様な人たちの人権を守る自主的な連帯によって、服従心と無関心を利用した心の支配に対しては、個人の自由の意志と明確な論理で抵抗することが原則となるでしょう。

この原則にしたがって有効な抵抗を組織化するためには、これまでの運動体験から学んだ教訓を活かして、一時的動員ではなく、持続的な主体的参加による平和的生存権確立のための強い連帯を作り上げることが必要になります。そのためには多様な人たちとの日常的な対話のなかで、自分が権力状況のうちに占めている位置（どの面で被害者でありどの面で加害者であるか）を見定めたうえで、最も有効な協力方法を選び、出来るだけ広い連帯を作り上げる努力を重ねるほかはないでしょう。

これは忍耐のいる、しかもあたりまえの方向を示したにすぎないかもしれませんが、そのほかに性急に近道を探すことはできないでしょう。性急な解決を求めると英雄待望の危険な結果に陥りがちですので、やはり時間はかかっても原則的な立場を貫くほかはないと考えています。

ただこのような原則論を述べるだけでは、沖縄の方からは、なお辛抱強く待てと言うのかとおしかりをうけるでしょう。沖縄と福島が同じ構造の被害者だと申しましたが、原発反対の金曜首相官邸前抗議と比べられる運動が沖縄の基地反対に関して起こらなかったことは事実です。これは東京からの距離の差と歴史的背景の違いによるところが大きいと思います。この違いも意識して沖縄の問題にとりくむためには、一人ひとりが知念さんと向きあって、その鋭い問いかけに答える場面を想像することが大きな役割を果たすことになるでしょう。その意味でこの本が一人でも多くの人に読まれることを願っています。

（二〇一三年十月七日）

知念ウシ
石田雄さんへの手紙——『シランフーナー（知らんふり）の暴力』をめぐって

（沖縄からの報告46・二〇一三年十二月号）

石田雄さま

前略

お手紙ありがとうございました。追伸を含めて『未来』誌上でいただきましたので、私もお返事を公開でさしあげることにします。初めにお伝えしたいことは感謝です。私の書いたものに以前から関心をもっていただき、また、新著もさっそく読んでお手紙を下さったこと。そして、この本の東京での出版記念会の呼びかけ人にもなって下さったこと、心よりお礼申し上げます。そして、この本の東京でそのうえで、石田さんのお手紙への率直なお返事をさせていただきたいと思います。それは、石田さんが、日本の戦後民主主義を主張する代表的な政治学者としてご高名な方であり、そして、誤解をおそれずあえて言えば、石田さんの反応が私には、私が「県外移設」論を主張したときに体験してきた日本人の反応の典型的なひとつに感じられたからです。それに対する私の考えを述べておかないと、それがそのまま定着してしまうことを危惧します。あるいは、誤解があればそれを解いて、相互理解を深めるチャンスにできればと願っています。

自宅に届いた石田さんからの封書を読み、お返事を書こうかなと考えていました。すると、『未来』編集長の西谷能英さんから、石田さんが「追伸」をお書きになっていて、それも含めて手紙が誌上掲載されると知らされました。ですので、とても楽しみにそれが載った先月号を待ち、読みました。私宛のお手紙をわざわざ下さったことに感謝をあらたにしました。とともに、正直に申しますと、私は読み終わったとき

「アイヤー！」

と言ってしまいました。「アイヤー！」というのは琉球語沖縄言葉《うちなーぐとぅば》の感嘆詞ですが、そのニュアンスは「アギジャビヨー！」というか「ユクシアラニ！」というか、と言ってもこれも琉球語でしたが、日本語でなんと翻訳できるかいまはちょっと思いつきません。英語で言えば "Oh my gosh!" みたいな感じでしょうか。

私がこの本に込めた大きな主張は、帯の正面左側にも目立つように書かれている

「日本人よ、沖縄の基地を引き取りなさい！」という要求にあります。このことは帯を見れば、そして、中身を読めばおわかりになると思います。しかし、石田さんから最初にいただいたお手紙にはそのことへの言及がありませんでした。石田さんは引き取ってくださるのでしょうか。引き取ってくださらないのでしょうか。そうであれば、その理由は何でしょうか。こういう「要求」に違和感がおありでしょうか。それならどうぞご批判下さい。私はそれが聞きたかったのです。しかし、石田さんからの最初のお手紙にはそれらがありませんでした。ですので、私はこれでは、私の問題提起・呼びかけへのまさしく「シランフーナー」あるいは「権力的沈黙」（野村浩也）になってしまわないかと驚いたのです。しかし、西谷さんから、石田さんが「追伸」をお書きになっていると聞き、石田さんは初めのお手紙に書き忘れたか、またそもそも別稿になさるつもりでいらして、それを、「追伸」であらためてお書きになっているのだろうと思いました。ですので、「追伸」を含めて読ませていただいて、「アイヤー！」というのは、その期待が当たらなかったからです。すなわち、「県外移設論」、基地を引き取るかどうか、についてまたもやお答えになっていらっしゃらないと感じたからです。

石田さんは、お手紙のなかで、私の「今日の姿勢をよりよく理解できた」、「著者の姿勢がいっそうわかりやすくなった」と言われます。では、「私の姿勢」とはどのようなものだと受けて止めておられるのでしょう。私はそれは「県外移設の要求」だと思っています。石田さんがそのことをよくご理解なさっているなら、なぜ、それに応答して下さらなかったのかと不思議でなりません。

また、石田さんのお手紙には「植民地」という言葉が出てきません。私の「県外移設論」の根拠には、沖縄はまず日本の植民地だという判断があります。日本人が沖縄から基地を引き取るのはその植民地主義をやめるステップとして必要です。

石田さんは「加害者」「被害者」という言葉をお使いになっていますが、沖縄の実態、いや、沖縄に問題を押しつけている日本の実態は「植民地」「植民地主義」という言葉を使わなければ見えてこないのではないでしょうか。加害者と被害者だけではなく、植民地をめぐる植民者と被植民者という視角が必要なのではないでしょうか。日常生活に浮上する歴史や政治構造のさまざまな場面で被害者でもあり加害者でもありながら、それを全部併せ持ったうえでも、日本人の植民者というポジショナリティと責任が問われています。そしてこの本で強調したのは、日本人はそれに気がついているのにシランフーナーしているということです。

石田さんは沖縄が植民地であることを本当は承知しているはずです。石田さんの私へのお手紙は「日本語で失礼します」から始まります。なぜ、石田さんが私に日本語で書くことが「失礼」にあたるのでしょう。私が日本国民なら、日本語を話すのはほぼ当然でしょう（日本語を解さず話さない日本国民もいるでしょうが）。私の本を読んでくださったのなら、私が日本語ができることをご存知でしょう。私に日本語で話しかけようとすることが失礼になる、となぜ石田さんが考えて下さったのか。それは、私が日本語を押しつけられ、母語を奪われた側の人間で、石田さんはその押しつけた側の人間だということを踏まえていらっしゃるからだと思います。私は自著に「琉球語」で書いた文章を載せています。石田さんはそれをご覧になって、私が奪われた自分の言語を取り戻そうとする問題意識と実践を、ご自分の立場から尊重しリスペクトしようとしたのではないでしょうか。私はそのように感じてうれしかったのです。これが、地域の「方言」を大事にしようとする実践だと受け止めていらしたら、石田さんは

「標準語で失礼します」とおっしゃったでしょう。また、石田さんは「沖縄と福島が同じ構造の被害者」だと言われます。しかし、石田さんは福島の人に向かっては、決して、「日本語で失礼します」とはおっしゃらないでしょう。他のヤマトゥの人々全般にもそうでしょう。おっしゃるとしたら、アイヌの人、在日韓国・朝鮮人など旧植民地出身の人々でしょう。もちろん、石田さんは日本における原発反対と沖縄の基地反対の違いは「東京からの距離の差と歴史的背景の違いによるところが大きい」とされます。であれば、なぜ、それを植民地の問題だとおっしゃらないのでしょうか。

石田さんは「大和《ヤマトゥ》において運動の参与（といっても周辺の）観察者としての私が、歴史の反省のうえに今日の課題にどう対処すべきだと考えているかを述べることになるでしょう」と「追伸」を書き始めておられます。そこでは、ご自分が「運動にかかわった最初に大きな機会」である「六〇年安保」から歴史を振り返り、「国家主義」とそれに抗う人々の「運動」の「有効な組織化」という観点から以下のことを言われます。私なりの要約ですが、すなわち

超近代的な力と金の支配と前近代的な道徳的支配に対して、今日の運動はどのような対抗をすべきか。前者に対しては多様な人たちの人権を守る自主的連帯によって、後者に対しては個人の自由な意志と明確な論理で対抗することが原則になる。その原則にしたがって、有効な抵抗を組織化するためには、持続的な主体的参加による平和的生存権確立のための強い連帯を作り上げる必要があり、多様な人たちとの日常的な対話のなかで、自分が権力状況のうちに占めている位置（どの面で被害者でありどの面で加害者であるか）を見定めたうえで、最も有効な協力方法を選び、出来るだけ広い連帯を作り上げる努力を重ねるほかはない。そのほかに性急な近道を探すこ

とはできない。性急な解決を求めると英雄待望の危険な結果に陥りがちなため、時間はかかっても原則的な立場を貫くほかはない。

そして次の段落でこのように言われます。

ただ、このような原則論を述べるだけでは、沖縄の方からは、なお辛抱強く待てと言うのかとおしかりをうけるでしょう。

突然、「沖縄人からしかられる」と言われて、私は最初、ピンときませんでした。私は沖縄人ですから、「沖縄の方」には私も入ります。では、私にしかられるということでしょうか。なるほど、「私にしかられるようなこと」をおっしゃっているということなのですね。

では、石田さんはこの文章で沖縄人に向かって

「なお辛抱強く待て」

とおっしゃっているのでしょうか。石田さんはご自身では直接そうは言われません。曖昧です。「なお辛抱強く待てと言うのか」、と怒る沖縄人を想像してその口を借りて書いています（その沖縄人とは私でしょうか）。しかし、その後、それは誤解である、本意ではない、などと、否定・釈明しておられませんので、石田さんはそうおっしゃっているということなのでしょう。

そしてそれは「県外移設」反対の意味なのでしょうか。石田さんはこれにも明言せず、曖昧です。

しかし、私には「性急な解決」「性急な近道」が「県外移設」を指す暗号のように思えるのです。

念のため「性急」の意味を調べました。三省堂大辞林では①気が短いこと。せっかち。②物事が急を要すること、でした。では、「県外移設」は①の気が短く、せっかちな解決、近道でしょうか。沖縄は基地を押しつけられて、もうすぐ七〇年になろうとしています。日本の安保条約支持率はおおよそ七〇%台を続け、最新の世論調査では八一%でした（「朝日新聞」二〇一三年五月三日）。日米安保条約が廃棄されるまで、石田さんはどこに在日米軍基地を置けばいいとお思いになりますか。「県外移設」は②の意味の、もう待てない、急な解決を要する課題なのです。

また、「性急な解決を求めると英雄待望の危険な結果に陥りがち」とありますが、私はなんだか脅されているような気がしました。「危険な結果になったらあなたたち沖縄の人たちが危ないんだよ」、あるいはそれが沖縄のことではないなら、「日本が危険なことになったらどう責任をとるつもりだ」と（しかし、「日本が危険」な状態になったら、だいたい沖縄に被害がくる「結果」になるのがこれまでの歴史でしたから、結局、前者の意味にもつながります）。しかし、これも日本人の仕事です。「危険な結果」に陥らないようにしながら、基地を引き取って自分たちでなんとかしていくのは日本人のやるべきことだと思います。

そして、石田さんの問題把握、現状分析、解決策・方向性の提示は日本のものだと言えます。石田さんが語る歴史は沖縄の戦後の抵抗の歴史とは違います。そしてその日本というのが、ヤマトゥなのか、日本国全般のことなのかははっきり読み取れません。いずれにしても、石田さんは日本の問題の解決について考えていらっしゃる。それは当然です、石田さんは戦争体験を踏まえて、日本を二度と戦争をしない国にするために、ずっと努力なさってきた方ですから。しかし、沖縄人の私からは石田さんがご提示なさったことは、

「日本の解決のために、沖縄の運動もある。状況認識、運動の方向性など、沖縄の私たちも日本の解決のためのものに合わせなくてはならない」と言われている感じがするのです。しかし、私（たち）は日本の解決のための運動をしてはいません。結果として貢献するとは思っていますが、私たちはまず、自分たちに背負わされた問題を解決し、自分たちを解放しようとしています。日本の解決は日本人がすることです。私たちには日本の解決のために運動する義務もありません。

私はヤマトゥで講演し、「基地の引取り」を呼びかけると、だいたい男性の運動家の方が、おもむろに自分の運動史、現状分析、いま何をなすべきか、を語り始めます。私の問題提起には答えず、まるで聞こえなかったかのように。私は自分の話が聞かれていないという感じがしません。これは歴史の認識の仕方、抵抗のやり方、運動方針を決めるのは日本人であり、沖縄人はそれに従うべきという発想なのだろうか、とつねづね思ってきました。

石田さんは原則を貫く「性急」ではない解決が実現されるまで「時間がかかる」ことを認めています。そうです、私（たち）もそれを知っています。だから日本がそうなるまで、基地を引き取り、ご自分でなんとかしてください、と申し上げています。私（たち）には日本の「根本的解決」を待つ義務もないのです。

このような手紙を石田さんにお出しして、私は「性格がきつい」、「石田さんを敵に回すつもりか、こんなやり方は礼を失する、適切ではない」、とお思いになる読者もいらっしゃるでしょう。日本人であれ、沖縄人であれ。しかし、私は石田さんに対して率直に正直に質問し応答を求めているだけのつもりです。石田さん、私のこの手紙で石田さんは私の敵になるのですか。私は今回、公開で石田さんと本気で議論できることがとても有り難い機会だと思っています。

（二〇一四年二月号）

知念さんの御批判への応答

石田雄

私の手紙に対してさっそく厳しい御批判をいただき心から感謝しています。じつは十一月号所収の追伸では日本の政治を底辺から変えなければという重い課題と、体力の限界で行動範囲が極端に狭くなっているという現実との間でもがいている有様が反映されています。それだから最後の部分で「一人ひとりが知念さんと向きあって、その鋭い問いかけに答える場面を想像する」必要性を述べたのは、じつは私自身がそのことによって自分の考えを発展させていこうと思っていたからです。その意味で、直接御批判をいただくことができたのは大変ありがたいことです。

「日本人よ、沖縄の基地を引き取りなさい！」というあの本『シランフーナーの暴力』の最も重要な問いかけに答えていないというのは御批判の通りです。この点についての沈黙が、「沈黙の螺旋」を強め、「暴力的沈黙」に加担することになる点について、深く反省させられます。しかし、東京にいて基地反対運動をどう展開すればよいかと考えるなかで、この問いかけに直接答えることは容易ではありません。「日本政府よ、沖縄の基地を引き取りなさい！」ということに対しては異存ありません。ただその場合、私は政府に反対して、基地の増設に抵抗することになります。

もし「日本人の責任」として基地を引き取ることを約束したら、例えば東京都民としては東京都に基地を招致する運動をする義務が生まれます。これは現実に難しいだけではなく、私としては砂川、王子野戦病院の闘争を否定することになり、認めることはできません。一九五〇年代の砂川闘争のときには、明確に沖縄の土地闘争との連帯を意識していました。一九五五年六月には、板付、立川、富士などと沖縄の基地反対運動代表が集まって、「軍事基地反対闘争全国会議」が開かれ、「全国軍事基地反対連絡会議」が結成されました。そしてこの年八月、第一回原水爆禁止世界大会に際しては、たかまってきた原水禁運動と基地反対闘争を結びつける試みもされました。

さらに五六年「プライス勧告」後の沖縄の厳しいたたかいの時に、砂川町長名で「沖縄と砂川は兄弟です」という激励電報を桑江朝幸土地連合会会長に送り、その後、沖縄代表が砂川を訪れ交流が強まりました。また砂川の強制測量が予定されていた日の朝には、砂川町長は「国際電話」で屋良朝苗全沖縄土地を守る協議会会長と約三〇分話し、たがいに激励と決意をかわしあったとのことです（林茂夫「基地闘争」、松浦総三編『昭和の戦後史3』一九七六年、汐文社、一三九―一四〇頁）。

旧安保発効の五二年頃から六〇年頃までに本土の基地が四分の一になったのに対して、沖縄では約二倍になったといわれています（新崎盛暉『沖縄現代史』一九九六年、岩波新書、二六頁）。それでもまだヴェトナム戦争中は、東京でも戦争の影響が身近に感じられました。六〇年代の王子野戦病院反対闘争の時も、昼夜をとわずヘリコプターでヴェトナムの戦場から傷病兵が検疫を経ることなく直接都内に送り込まれることに反対するなかで、その兵士が戦場に送り出されたのは沖縄の基地からであることを意識した人が多かったと思います。私も当時東大正門前で夜十時に三人の米帰休兵と撤兵について議論したことがあります。これは、たまたま真面目な（?）帰休兵が東大見物に来たのと偶然であった私が、脱走兵援助にかかわっていたので、反戦活動をするよう説得できないかと考えたためです。

当時ヴェトナム戦の帰休兵は東京にも多くみられ、なかには東大の近くのホテルの三階に泊まっていた米兵が、精神異常のため窓から路上に机や椅子を投げおとすという事件もありました。地域住民の運動でホテルは帰休兵を泊めることをやめました。本多勝一が報じた「戦場の村」とのつながりを感じさせる事件でした。「戦場の村」は当時『朝日新聞』に連載され単行本となりましたが、その英訳を世界に、とりわけ米国に送ろうという運動が起こり、私の家ではその発送のため毎日ボランティアが忙しく作業し、結局、約五万部を送りました。そのなかには沖縄からの注文もあり、府県別の数字は分かっていませんが、とにかくヴェトナム反戦に関しては、沖縄を含めて全国的な統一行動があったといえるでしょう。

その後、これらの闘争が忘れ去られるとともに沖縄の基地が「他地域の二五五倍の負担」（『シランフーナー（知らんふり）の暴力』三二頁）に及んでいる事態への関心もうすれてきました。これは砂川や王子の闘争が間違っていたことによるのではなく、その記憶の継承が十分でなかったことと、のちに述べる「他者感覚」の弱さに由来するものだと思います。

とにかく、いまのような沖縄の基地への関心の低さによる「シランフーナーの暴力」が続く限り、基地負担の不平等に示されたような差別はなくならないとおっしゃるのは、まったくその通りだと思います。それを十分に認めたうえで、その差別をなくすためにどのような方策を考えているかを次に述べるつもりです。そのような考え方が、なお「日本人よ、沖縄の基地を引き取りなさい！」という問いかけに対する回答の回避だとお考えでしたら、重ねて御批判をいただきたいと思います。

もう一つ、知念さんが「日本人が沖縄から基地を引き取るのは、その植民地主義をやめるステップとして必要です」と言われ、私が植民地という言葉を使わなかったと指摘された点に関して説明しておきます。私が植民地という言葉を使わなかったのは、日本の場合、西欧帝国主義国の植民地支配と違う面があると考えたからです。詳しい説明は、『記憶と忘却の政治学』（二〇〇〇年、明石書店）に収めた「『同化』政策と創られた観念としての『日本』」をみていただきたいのですが、次に当面必要な点だけ申します。

比嘉春潮が「人曰く琉球は長男、台湾は次男、朝鮮は三男」と記したように（大田昌秀『沖縄の民衆意識』一九六七年、弘文堂新社、三二七頁）、沖縄は日本の植民地化の第一の対象になったともいえるでしょう。沖縄の植民地化後、日本帝国は、自然的膨張のような意識で植民地を拡大しました。

しかしさかのぼってみると、南にむけて「琉球処分」をする前に、日本国は北で北海道の「開拓」（これも植民地化といえるかもしれません）をはじめ、アイヌ民族を「同化」政策の対象にしました。さらにさかのぼると「白河以北一山百文」と呼ばれた戊辰戦争の敗北者たちを、北に追放し、その一部を北海道の開拓にも利用しました。それは沖縄の人たちを台湾の教育に利用し、台湾の人を「満洲国」で利用するというのちの過程と同じでした。

この歴史過程を見ると、はじめから日本帝国という明確な単位があって、それが逐次、植民地を拡大していったのではなく、帝国の形成と領土の拡大とが同時になされ、そのため「同化」の目標とする「日本」という観念も、漸時的に形成されるという特徴がありました。このような過程では、どこまでが国民国家内部での中央と周辺の関係であり、どこからが帝国と植民地の関係であるかの境界線をひくのは困難です。

じつは第一の問いかけである「日本人よ、沖縄の基地を引き取りなさい！」に対する対応が明確でなかったこととも関連するのですが、東京にいて基地撤去の運動を進めようと思うとき、帝国形成過程にみられるこの特殊性を逆に利用して、より広い連帯を作れないかと考えるのです。

この考え方は、たんに希望による思いこみではなく、右に述べた中央対周辺から帝国対植民地への連続性という歴史的過程を見たうえで、この連続性を支える過程のなかに解決の鍵を見出したいという考え方です。これがヤマトゥの視点から自分に都合のよいように作りあげたあやまりであるとすれば、どのようにしてヤマトゥでの運動を正しい方向にむけられるか御批判をお願いします。とにかく次に帝国の形成と植民地化の同時進行の過程を支えた構造を私なりに特徴づけ、その構造を逆手にとった運動の方向について私の考えを述べることにします。

その構造を私は丸山眞男の表現をかりて「抑圧移譲」の連鎖的重層構造と呼ぶことにします。比喩を使えば、満員電車が急停車した時、将棋倒しが起こり、一番下の人が上になった人の重さを全部負わされることにもなります。中間の人は何もしなければ、自分の体重を下の人に加えることになるのですが、何かにつかまって自分にかかる圧力を支えると、下の人は立ち上がって下からおしあげてくれることもできます。

この構造を社会関係の面からみれば、上からの抑圧はアメとムチとの両面によって次つぎにより弱い人に移譲されていくので、中間にいる人は次第に加害の意識がなくなり、ただ大勢に順応していくことになります。北イタリアのユダヤ人化学者プリーモ・レーヴィはアウシュヴィッツ体験を反省するなかで、被害者のユダヤ人でさえ多くが加害に加担して「灰色の領域」にいたと述べています。

この構造のなかにいる人は、直接自分の上にいる人を攻撃するだけでも、また頂点の権力を非難することだけでも問題は解決しません。構造そのものを変える方法を考えることが必要です。現在の世界で一％の人が九九％の人を支配しているといわれます。もし九九％の人が力をあわせて一％の支配者に対抗すれば、その支配は崩されるはずです。そうならないのは、九九％の大部分の人が「灰色の領域」にいて抑圧移譲の状態に適応しているからです。

この抑圧移譲の構造を変えるには、大多数の「灰色の領域」にいる人たちが、自分の加害と被害の両面性を意識化して、自分より下にいる被害者の力をひき出して、それを自分の被害を生み出している抑圧に抵抗する自分の力とあわせていくことです。このさい運動の視点から見て大切なのは、加害者集団と被害者集団とを白黒二項対立的に区別するのではなく、「灰色の領域」に配慮して連続性に注目することではないでしょうか。

現実に即してみれば、両集団の境界線は必ずしも明確とはいえないでしょう。個人の意識や行動の面からみれば、沖縄出身の人でなくても、沖縄の人と結婚して沖縄人と同じように考える人もいます。他方では、沖縄出身者でも長くヤマトゥにいて行動も沖縄の人と違う場合もあるかもしれません。各個人のアイデンティティは、出身地によって一義的に決まっているのではなく、きわめて多様で、また変わりうるものだと思います。多様なアイデンティティをもった人の間で対話を進め、それぞれの立ち位置を自覚したうえで、反基地のために何ができるかを考え、なるべく広い連帯を作れないものかと考えています。

差別反対の運動を有効に展開するためには「灰色の領域」で抑圧移譲の方向をもっている連続性を

逆に利用して、力の方向を反対にむけることです。これを逆ドミノといってもよいでしょう。このような抑圧移譲にみられる力の方向の逆転は、この構造が連鎖的なものですから「灰色の領域」にいる人たちの一人ひとりの連鎖的協力によるほかはありません。このような抵抗運動の課題について、次に別の面から論じることにします。

抑圧移譲の連鎖的重層構造を逆転する運動の中心課題を私は「永遠の課題としての他者感覚と永久革命としての民主主義との両面相補の関係」としてとらえます。この考え方は以前『誰もが人間らしく生きられる世界をめざして』という本（二〇一〇年、唯学書房、一三一頁以下）で述べたことですが、以下、簡単にまとめます。

まず「他者感覚」は丸山が使った言葉ですが、彼は「異質な他者を内在的に理解する」という以上に詳しく定義していません。私はこの言葉を「権力状況のなかで自分より不利な立場にいる人の身になって考える感受性」として使います。「永遠の課題」というのは完全に私の造語です。丸山が言っているのは、中野療養所で患者闘争のなかにいたとき、医者が自分たちこそ患者のことを一番良く知っているのだから、患者は医者の言うことをきいて患者闘争などするなといったら、それは大変危ないパターナリズムになるという事例です。同時に自分のようにめぐまれた患者には、本当に困っている重症患者のことは分からないとも言っています。

つまり他者感覚はきわめて必要なのだけれど、他者のことが分かったと思いこむことは誤りであり、危険でさえある。いつも、よりよく他者を理解しようとする無限の努力が求められていることを私は「永遠の課題としての他者感覚」と言ったのです。沖縄は大変だろうといっても、毎日軍用機の爆音になやまされ、事故と米兵犯罪の危険にさらされている状況は、そのなかにいる人以外には本当には分からない。だからそのことを意識してよりよく理解する努力をすべきだということです。また沖縄の基地から発進した米軍によって殺されたイラクやアフガニスタンの市民の人たちの苦しみについてはなおさら分からない状態です。

次にこれを永久革命としての民主主義との関係で考えます。丸山によれば、民主主義は制度と理念と運動の三位一体の上に成立しているが、制度は動かないのに対し理念と運動の面では永久革命として無限の過程をなしており、その面がないと民主主義は現実に機能しないと言います。つまり他者感覚によって抑圧され差別された人たちの声をひき出し、そのような声を生かせなかった人たちのすべてが発言できるようにすることによって、権力に対して不断の圧力をかけることで、はじめて民主主義が有効に機能するのだといえます。

沖縄の声は、たしかに少数者、被抑圧者の声としてそのままでは議会制民主主義の制度のなかでは生かされません。それを運動の面で生かすようにするのは、この制度のなかで生きる主権者たち、とりわけ数のうえで多数派に属する人たちの責任です。この多数派が沖縄の声に耳を傾け、その声を政権の中枢に届くようにするため、他者感覚を永遠の課題とし、加害の自覚のもとに抑圧移譲の連鎖を上にむけた圧力に変える努力を続けることが必要です。

このような永遠の課題としての他者感覚に支えられた永久革命としての民主主義は、当然、現在権力をもっている人たちにとっては脅威です。特定秘密保護法から解釈改憲による集団的自衛権の容認、さらには改憲による国防軍創設など一連の反動化・軍事化の方向は、明らかにそのような下からの脅威に対抗して国家権力によってこの民主主義をおさえこもうとするものです。この方向が、沖縄の基地における具体的な情報を広く知らせることをより困難にし、基地撤去の運動をより難しくするものであることは明らかです。

このような状況を前にして、私は戦中派として、とりわけ強い責任を感じます。私たちが軍国青年として育てられたのは、一方では中国の戦場で住民がどのような状態にあったかを知ることができず、他方で愛国主義教育によってアジアを欧米帝国主義から解放する戦争としてその正当性を教えこまれたからです。中国での日本軍の行動を描いた石川達三の『生きてゐる兵隊』は発売禁止で読めませんでした。他方では治安維持法などで戦争に批判的な言論は封殺され、愛国主義教育で靖国の英雄が賛美されました。

この間違いをくりかえさないことを誓って戦後日本は出発したはずでした。しかし平和憲法のもとで戦前にあった情報の秘密化と愛国主義教育を一掃したと思ったのは、沖縄の現実を見ない楽観的な考えでした。基地の集中する沖縄が秘密の集中する所だということは密約にも明らかです。愛国主義教育の復活によって沖縄戦での集団死の扱い方が教科書で問題化しました。

このような歴史を反省したうえで、私がきわめて限られた体力のなかで何をなすべきかを考えたとき、前述した抑圧と差別の構造を下から少しでも変えるほかはないと思います。「基地を沖縄から引き取ろう」という運動をするよりは、一人でも多くの人が力をあわせて、この構造に支えられた軍事化に抵抗する運動をすべきだと思います。それは決して沖縄の問題を忘れることによってではなく、逆に沖縄にいる人の身になって考え、沖縄の困難を解決するために必要だからです。なぜならこの構造の矛盾が沖縄に集約されているからです。

具体的に言えば「琉球処分」以後の差別、とりわけ沖縄戦の悲劇とそれに続き米軍統治下になされたことから歴史的教訓を学び、今日のはなはだしい基地負担に思いをいたし、過去のあやまちをくりかえすことなく、今日の困難を克服するため、一人でも多くの人に協力を求めたいのです。例えば今日多数になろうとしている原発反対の人たちの多くも、命を守ろうという点、あるいは平和的生存権の尊重という方向で、基地反対の運動に参加する可能性があるでしょう。

とにかく重要なのは、基地反対・軍事化阻止の方向にむけて、一人ずつ参加者をふやし、一歩ずつ前に進むことだと信じます。私は命の続く限りこの方向に歩み続けるつもりです。またしても一般論に解消したと御批判を受けるかもしれませんが、私の歩む方向について、よりよい考えを展開するために御示唆がいただければ幸いです。

重ねて念のためくりかえしますが、私は「県外移設」を心から願っています。ただそれを有効に実現するために、沖縄からはなれた場所にいて、直接的な対話を基礎に個人的連鎖をひろげるやり方で、どのような方向をめざすべきかを考えたのです。その結果、沖縄に対する植民地的抑圧を全国家的な構造に支えられたものととらえ、その構造を変えることこそが、その抑圧を廃するのに不可欠だとみたのです。決して沖縄の人にどうすべきだなどというつもりはありません。にもかかわらず私の述べたことが中央からみた考えをおしつけるように受けとられる面があるとすれば、それは私の他者感覚が不十分なことに由来するからでしょう。そうであればそれに気づき、それを正すための助言をいただきたいのです。

（二〇一三年十一月三十日）

知念ウシ
石田雄さんへのお返事

（沖縄からの報告49・二〇一四年三月号）

石田さん、お手紙ありがとうございました。私も石田さんとやりとりをさせていただくなかで、考えさせられ、勉強になっています。いっぺーにふぇーでーびる。感謝します。それで、いくつかよくわからないところがまだあるので、質問したいと思い、またお手紙をさしあげることにしました。どうぞよろしくお願いします。

まず、石田さんは「植民地という言葉を使わなかったのは、日本の場合、西欧帝国主義国の植民地支配と違う面があると考えたから」だとおっしゃっています。つまり、はじめから「日本帝国」という明確な単位はなく、帝国形成と領土拡大が同時になされ、同化目標の「日本」という観念も漸時的に形成されるという特徴があった。このような歴史過程で、国民国家内部での中央と周辺の関係と、帝国と植民地の関係の境界線をひくのは困難だと。

では、石田さんは台湾や朝鮮にも「植民地」という言葉をお使いにならないのでしょうか。

また、西洋諸国の帝国主義も、各国による細かい違いはあるものの、石田さんが指摘するプロセスは共通しているのではないでしょうか。例えば、パリが周辺地域を併合しながら「フランス」に同化させて膨れていき、海外に進出していくプロセス。また、イングランドがスコットランドやウェールズ、アイルランドを併合し、海外帝国へ膨脹していく過程など。

さらに、明確な境界線をひけないのなら、逆に、植民地でないとも言えないとも思いますが、どうでしょう。

次に、石田さんがおっしゃる「灰色の領域」がどこのことかよくわかりません。石田さんは、まず、歴史過程における帝国の形成と植民地化の同時進行を支えた構造を「抑圧移譲の連鎖的重層構造」と呼んで取り上げます。その中央対周辺から帝国対植民地に続く部分が「灰色の領域」なのでしょうか。それとも、中央と周辺を含む国民国家と、帝国と植民地を含んだ丸ごとすべてが「灰色の領域」なのでしょうか。私は、はじめ、周辺と植民地の連続性のところのことなのかと思いました。しかし、石田さんは、その後、プリーモ・レーヴィを引用し「被害者のユダヤ人でさえ多くが加害に加担して『灰色の領域』にいた」とお書きです。次に、現在の世界の「九九%の大部分の人が『灰色の領域』にいて抑圧移譲の状態に適応しているから」一%の支配者に対抗できないとおっしゃっています。どちらを指していらっしゃるのでしょう。両方だとするなら、その理由を教えてください。

また、私はそのプリーモ・レーヴィについて知りません。徐京植さんの本で読んだことがあるだけです。石田さんは前回のお手紙でもレーヴィを引用し「被害者と加害者の両面をもつ多くの人たちが『灰色の領域』にいる」とおっしゃっていましたね。

石田さんの解釈では、レーヴィは、「多くの人が（ナチスをめぐるユダヤ人もドイツ人も）被害者の面も加害者の面ももつ『灰色の領域』にいる」と言っているのでしょうか。

そうであるなら、私はそれに違和感があります。そもそもユダヤ人の自己反省を、当時、ナチスと同盟していた側の日本人が自らのポジショナリティ（政治的権力的位置）を問うことなしに、逆に、ポジショナリティを曖昧にする議論に引用するのは適切ではないと感じます。レーヴィが言おうとしたのは、ナチスの被害者であるユダヤ人が、ぎりぎりの状況で加害者へ「共犯」してしまったことへの痛切な反省ではないのでしょうか。レーヴィの言葉は被害者内部のことについてであり、それを加害者と被害者との境界を曖昧にするのに用いるのはよくないのではないでしょうか。絶滅収容所のなかでナチスに「共犯」してしまったユダヤ人の責任とナチスを支持した（「してしまった」場合も）ドイツ人の責任は違うのではないでしょうか。それをどちらも「灰色の領域」と言ってしまうのには違和感があります。

しかし、仮に、さきほどの後者の意味、つまり、国民国家も帝国も植民地もユダヤ人もドイツ人も世界の九九％の大部分の人が「灰色の領域」にいる、という意味だとします。そうすると、基地問題ではどうなるでしょうか。沖縄に基地を押しつけるヤマトゥのなかでどのような「抑圧移譲」があるのでしょうか。いかなる「アメとムチ」によって、日本国の国民の八一％が安保条約に賛成し、沖縄に米軍基地を置き続け、県外移設（本土移設）を拒否し続けているのでしょうか。確かに日本（「本土」）にも米軍基地はあり、例えば、安倍首相の選挙区である山口県の米軍専用施設面積負担率は二・五六％です（沖縄県は七三・八一％、防衛省ＨＰより）。山口県にも反対運動があるでしょうが、「オール山口」になっておらず、県民大会もありません。他の都道府県にもありません。この場合、どのような「逆ドミノ」のダイナミズムが働くでしょうか。私には、日本人全般が安保に賛成・反対に関わらず、安保をやめられないまま、基地も引き取らず、政府と一緒になって沖縄に基地を押しつけているように見えてしまうのです。

また、石田さんが白黒二元論ではなく灰色に注目すべきとおっしゃっても、白と黒があって灰色があるが、灰色があるから白と黒がない、とは言えないのではないでしょうか。黄色と緑があって間に黄緑があるが、黄緑があるから黄色も緑もないとは言えないように。また、沖縄人と結婚した在沖非沖縄人の存在や在日沖縄人でヤマトゥに同化し（あるいは、しなければならなかっ）た人の存在からアイデンティティの多様性を述べていらっしゃいます。しかし、私が問題にしているのはポジショナリティなのです。

いずれにせよ、石田さんは日本人と沖縄人の二項対立的な区別ではなく、連続性に注目すべきとおっしゃりつつ、以下の場面では二項対立になっているのではないでしょうか。まず、「沖縄」と「ヤマト」と言うとき。また、「沖縄は大変だろうといっても、毎日軍用機の爆音になやまされ、事故と米兵犯罪の危険にさらされている状況は、そのなかにいる人以外には本当にはわからない」と言うとき、「そのなかにいる人」と「以外」に。また、「沖縄の声は、たしかに少数者、被抑圧者の声としてそのままでは議会制民主主義の制度のなかでは生かされません。それを運動面で生かすようにするのは、この制度のなかで生きる主権者たち、とりわけ数のうえで多数派に属する人たちの責任です」と言うときは、「沖縄」「少数者」「被抑圧者」と「多数派」に。さらに、「沖縄人」と「沖縄の人の身になって考える人」というのもそうだと思います。

ようするに、ほとんど全部が「灰色の領域」だとしても、見えてきた権力状況とは、沖縄人、日本人という二項対立的現実だということではないでしょうか。

石田さんは「日本人の責任」として基地を引き取ることについて次の二つの理由で「認めることはできない」とおっしゃっています。まず、そのことを約束したら、「例えば、東京都民としては東京都に基地を招致する義務が生まれる」が、「これは現実に難しい」。次に、それだけでなく、「私としては砂川、王子野戦病院の闘争を否定することにな」ると。

一つ目の理由について、「日本人の責任」イコール自分の在住自治体に引き取る義務だけを意味するとは思いません。政府に「県外移設」を本気で検討しろと要求することもあるでしょう。それにそもそも「現実に難しい」とはどういう意味なのでしょうか。二つ目の理由について、半世紀以上も前に存在した闘争が、現在の引き取りを拒絶する理由になることが納得いきません。

石田さんは「旧安保条約発効の五二年頃から六〇年頃までに本土の基地が四分の一になったのに対して、沖縄では約二倍になったと言われています（新崎盛暉『沖縄現代史』岩波新書、一九九六年、二六頁）」とお書きです。私が持っている第一刷の同書のその箇所は二〇頁ですが、その前後に書かれている沖縄の負担率の増加の原因について、石田さんは言及されません。しかし、ご著書『安保と原発』（唯学書房、二〇一二年）のなかにはっきりとお書きです。

さらに五〇年代後半には、本土での反基地闘争の結果、そのあおりを受けて海兵隊の沖縄への移駐が決められたほか、本土にある多くの基地も沖縄へ移されるという事態を招いた。（二五〇頁）

当時、「沖縄へ移すな」「移設・移転は根本的解決ではない」として沖縄への「県外移設」に反対する運動はあったのでしょうか。このようにして、米軍が沖縄へ圧倒的に集中するに至り、日本では反基地運動が下火になっていきました。そのような現実をどうみるかの問題ではないでしょうか。

石田さんは「一九五〇年代の砂川闘争のときには、明確に沖縄の土地闘争との連帯を意識していました」とおっしゃいます。しかし、砂川闘争の結果、沖縄の基地はなくならなかったのですから、その連帯は成功したとはいえないのではないでしょうか。

しかも、一九九五年の在沖米兵の性暴力事件や、二〇〇九年前後の民主党の鳩山首相の「最低でも県外」という公約が国会、官僚、マスコミ、国民の大騒ぎでつぶされていった経緯、二〇一二年の沖縄へのオスプレイ強行配備など、連日報道されましたので、一般国民が知らないはずがありません。それなのに、前回の手紙でも触れたとおり、国民の八一％が日米安保条約を支持（朝日新聞二〇一三年五月三日）しているのです。

二〇一三年十一月二十六日の沖縄の新聞に載ったのは、頬を紅潮させた石破茂自民党幹事長の後ろに「うなだれ」たり、開き直ったかのように座る沖縄県選出・出身の五人の自民党国会議員の姿でした。彼らが自民党本部の圧力で普天間基地の「県外移設」の公約を（事実上）破棄、「県内移設」を容認したことの記者会見でした。彼らの弁明は「県外移設といっても本土はどこも引き取らない。それでは普天間基地が固定化されるというので、辺野古移設もやむをえない」です。沖縄では石破幹事長のことを「現代の琉球処分官」と呼ぶ人もいます。

沖縄のその五人の自民党国会議員（うち二人は日本人）の意志の弱さ、自己保身は責められるべきです。しかし、同時に、「現代の琉球処分官」の背後にかくれて、沖縄から基地を引きとろうともせず、日米安保をやめようともしない、日本の「本土」の国民の責任は問われないのでしょうか。このような、日々あからさまに沖縄へ行使される植民地主義をどうするかなのです。

ところで、「他者感覚」とは、丸山眞男によると「異質な他者を内在的に理解する」ことであり、それを、石田さんは「権力状況のなかで自分より不利な立場にいる人の身になって考える感受性」と言い換えます。これは「抑圧移譲の連鎖的重層構造」を打ち破るための鍵概念と位置づけられると思います。そして丸山の中野療養所での患者闘争が例としてあげられています。

しかし、「重症患者」と(丸山がいう)「めぐまれた」患者の権力状況における有利不利の違いとは、基本的に病気のレベル、患者の困り具合によるものと思います。それによって医者の関与の度合いも異なり、医者からの抑圧の強さも変わります。その場合、丸山(「めぐまれた患者」)は自分より不利な重症患者にどのように「抑圧移譲」したのでしょうか。また、患者同士連帯して「逆ドミノ」で医者の権力を倒し、患者の権利と主体性を獲得できても、病気が治ることはまた別の問題です。そしてそのアナロジーでいえば、権力状況において沖縄人が日本人より不利な立場なのは、「病気」だからということになってしまわないでしょうか。つまり、「基地問題」が本人に属する、誰も政治的責任をとらない「病気」だということになってしまわないでしょうか。

お手紙の最後のところで

「重ねて念のためにくりかえしますが、私は『県外移設』を心から願っています」

とありました。私は戸惑いました。石田さんは「県外移設」に反対していらっしゃるのだと思っていたからです。

「ただそれを有効に実現するために、沖縄から離れた場所にいて、直接的な対話を基礎に個人的連鎖をひろげるやり方で、どのような方向をめざすべきかを考えたのです。その結果、沖縄に対する植民地的抑圧を全国家的な構造に支えられたものととらえ、その構造を変えることこそが、その抑圧を廃するのに不可欠だとみたのです」

石田さんはそうおっしゃいます。これはようするにどういう意味なのでしょうか。石田さん、県外移設を「有効に実現する」には、引き取ることではないでしょうか。私はこの議論に「女性差別は資本主義に支えられたものだから、その資本主義から打倒する」と男性が言うのを思い出してしまいました。

昨年（二〇一三年）末、仲井眞弘多沖縄県知事が日本政府の辺野古埋め立て申請を承認しました。しかし、年が明けて一月十九日、名護市民は辺野古移設に反対する現職の稲嶺進市長を再選させ、それを拒否しました。普天間基地は沖縄県内には移設できません。普天間にも置いておけません。「県外移設」の意味はますます深まりました。石田さんが「底辺からの組み変え」にずっと取り組んでいらっしゃることに私は敬意を表します。「沖縄に置かれている基地は日本人のものだ、引き取って自分たちでなくそう」との渦巻きを日本の底辺から起こしてください。期待しています。

（二〇一四年五月号）

石田雄

「灰色の領域」はどこのこと？

——知念さんへの御返事

私の応答に対する質問を出して下さったことに心から感謝します。それにお答えすることによって私の考え方がいっそうはっきりするだろうと思うからです。

「『灰色の領域』がどこのことかよくわかりません」との御質問に答えるため、もう一度プリーモ・レーヴィ『溺れるものと救われるもの』を読みなおしてみました。たしかにあの本では、「灰色の領域」はアウシュヴィッツの体験を基礎に作られた概念です。しかしそのことは、あの概念が特定の場所に限られたものだということを意味しません。著者が「灰色の領域」をより広い権力一般にかかわるものと考えていたことは、例えば次の一節からも推測されます。「権力は麻薬のようなものである。それの必要性は試したことがないものには分からないが、その始まりが偶然であろうとも（カッコ内省略）いったん始めてしまえば、依存症が始まり、薬の必要量はますます増大していく」と（訳書七一頁）。

私はこの引用にみられるような一般性を重視して、「灰色の領域」という概念を自分が権力状況のなかでもっている加害と被害の両面性、とりわけ加害の面を意識化する道具と考えます。それは知念さんのいわれる「ポジショナリティ（政治的権力的位置）」を自分に問いかけるのと同じではないでしょうか。

それではこの概念の適用範囲をどう規定すべきでしょうか。おそらく自覚的に権力行使によって抑圧している人を除き、ほとんど誰にでも適用可能ではないでしょうか。つまり客観的に「灰色の領域」に属するかどうかが決まっているわけではなく、主体的にこの概念で自分を問いなおすかが問題だからです。

もうひとつ「ことば」についての御質問として、「植民地」概念の適用に関するものがあります。具体的には、沖縄を植民地と呼ぶべきだが私がそうしていないのはなぜかというおたずねだと思います。「灰色の領域」が新しく作られた概念であるのに対して、「植民地」は広く使われてきた概念ですから、定義によって適用範囲を決めるべきでしょう。広義では（経済的に従属し）「主権を有しない完全な属領」（『広辞苑』）と解されているようですから、沖縄にも適用されるべきかもしれません。しかし沖縄が府県制の下にあり、帝国議会に代表を送っていた点では、台湾や朝鮮とは区別されます。私が「植民地的」と言うにとどめるのはそのためです。

「ことば」の適用範囲の問題は、じつはその役割と密接に関係しています。知念さんが沖縄を植民地と規定しようとされるのは、そのことによって権力的抑圧の関係を強く印象づけようと考えられるからでしょう。二項対立的に理念型を使って沖縄の特徴を明らかにしようという意図はよくわかります。私もそのような「ことば」の役割が重要であることを認めます。とりわけ「灰色の領域」の意識がなく、加害の面を自覚していない人に対して、他者感覚を鋭くさせるためには、加害と被害の対抗関係を明らかに示すことは、「ことば」の重要な役割だと思います。

私の用語法にしたがって言えば、「永遠の課題としての他者感覚」を刺戟するためには二項対立的な違いを強調することが必要なのですが、他者感覚を基礎にして「永久革命としての民主主義」を現実状況のなかで実現するときには、理念型的対抗を強調するだけでなく、できるだけ広い連帯と協力を必要とします。そのためには抑圧移譲の連続面に注目して、どの段階にある人も、それぞれ加害と被害の両面性を自覚し、逆ドミノの方向にむけて協力するように求めることが必要だと思います。

話が抽象的になったので、右の文脈のなかで沖縄の具体例について私がどう見ているかに触れることにします。私が注目したいと思うのは沖縄戦以後です。なんといっても本土決戦を遅らすための「捨石」として、住民の犠牲者が全体の死者の半数に近くなるようなかたちの戦闘をした戦争指導は許せないものです。

じつはレーヴィの本を読んだとき、最初に感じたのは、程度の差は大きくても、ここに描かれている収容所は、私が経験した軍隊の内務班という最末端組織と同じ性格のものだということでした。つまり権力という麻薬に中毒した症状が明らかだというのが共通点です。さらに中帰連（中国帰還者連絡会）の方たちが明らかにした中国戦線での住民虐殺を知ることによって、この中毒症状は、抑圧移譲の結果として組織の外にむけていっそう深刻な影響を与えたことを知りました。沖縄戦の場合には、地域住民が「同胞」であるため程度の差と質の違いはありますが、やはり軍隊という武力中心の権力組織の本質は変わりませんでした。

しかも沖縄の場合には、敗戦後も今度は米国の軍事組織による直接統治の下におかれたのですから、本土《ヤマトゥ》が非軍事化・民主化の方向で日本国憲法をもつようになったのと極端な違いを示しました。その後、沖縄では「銃剣とブルドーザー」による土地収用に対する「島ぐるみ闘争」などの努力にもかかわらず、本土の基地負担を肩代りするために基地の増大強化がみられました。

沖縄で「平和憲法下の日本」への「完全復帰」にむけて広い運動が展開されたのは、安保廃棄により「核も基地もない平和で豊かな沖縄」を求めたからでした。しかし、一九七二年に実現したのは「安保体制下の日本」への復帰にすぎませんでした。全国の基地の四分の三が集中する沖縄では、武装権力という麻薬中毒を起こしやすい軍事組織の集中的存在により、事故や米兵による犯罪に脅かされる生活が続いています。

それだけではなく、「県内移設」の名によって新しい基地を作ろうとしていることに沖縄の怒りが頂点に達しているにもかかわらず、東京の中央政府は同盟強化という名の下に対米従属を強め、軍事協力のための基地建設を強行し、集団的自衛権承認というかたちで海外での戦闘参加にまでふみきろうとしています。このような中央政府の政策指向は、外からの脅威を強調して排外主義的国家主義の世論を作り出し、「抑止」のための軍事力強化という名目で軍事大国化をめざすものといえるでしょう。そしてそのさいの基地に伴う犠牲を地理的周辺としての沖縄に、兵士として戦闘参加に伴う危険性は他に雇用機会のない社会的周辺としての貧困者に負わせるという過程がみられます。

「沖縄に基地を押しつけるヤマトゥのなかでどのような『抑圧移譲』があるのでしょうか」と質問されていますが、いま述べた貧困を生み出す経済の現状がなによりもわかりやすい例を示していると思います。大企業は利益を大きくするために下請の中小企業への支払いを減らそうとし、下請はさらに孫請にコスト切り下げを強いるという関係が広くみられます。そのほか過労死に追いこまれそうな正規雇用者が派遣の非正規雇用者に犠牲をおしつけようとしたり、毎日の生活に苦しんでいる人たちが生活保護の不正受給の事例の報道に接し、受給者全体を差別・非難するようになるなどもヤマトゥにおける抑圧移譲の事例といえるでしょう。

最近の都知事選挙で右翼の候補者が意外に多くの票を集め、とりわけ二十歳代の投票の二四%を集めたことが注目されました。この場合、新自由主義的グローバル化が生み出した格差増大に伴い、不安と不満をつのらせる被害者意識が、排外主義的国家主義への期待によってその不満を解消しようとしたことによる面が大きいと思われます。沖縄の市町村長がそろって東京で行進し、オスプレイ反対などを訴えたとき、「非国民」などのヘイトスピーチを示した人たちにも同じような不満があったのでしょう。

ただ、そのような右翼的不満層を過大評価することは誤りでしょう。都知事選での若者の場合でも、じつは二十歳代の投票率が四分の一ですから、むしろ重要なのは投票しなかった無関心層です。この人たちは、日常生活に忙しく、自分が抑圧の被害者である意識もないので、まして加害の面を考えたこともなく、それだからまったく投票にも関心がない状態です。

現実の政治を規定している重要な要因は、じつは多数を占めるこのような無関心層、すなわち「灰色の領域」にいることを意識していない人たちだとすれば、その状態をどのように変えることができるでしょうか。やはり原則論として言えば、前に述べたことのくりかえしになりますが、「永遠の課題としての他者感覚を基礎にして、永久革命としての民主主義を追求する」ということになります。

これをもう少し具体的にして、いま私が沖縄に関して何をなすべきかを考えてみます。他者感覚を鋭くするためには、なによりも沖縄が直面している困難の切実さを知ることです。そのためには、東京の現実と対照してその間の違いを明らかにすることも必要でしょう。ただ体力の限界で沖縄まで行けない私としては、見てきたような話をするわけにはいきません。この点に関しては、沖縄に生まれ住み、東京にもしばしば出て来られる知念さんが書かれたものを読み、それによって他者感覚を鋭くするように、私のまわりの人たちにすすめることが大切だと思います。

東京にいる私としては、沖縄が直面している困難が、遠くの私たちと無縁の問題ではなく、私たちが気づかない間に沖縄におしつけた結果なのだと自覚するように、隣人と接触する際に説得しなければならないと思っています。じつは私が抑圧移譲の連続性をくりかえし強調したのも、このような「灰色の領域」の自覚によって沖縄への加害の関係を意識することに役立てたかったからです。知念さんが二項対立的対照の面を強調されたのと違いが目立ちましたが、それは私が東京にいて行動範囲が限られている条件に規定された面が大きかったと思います。

このような言い方を単なる身勝手な言い訳にしないため、最後に知念さんの「日本人よ、沖縄の基地を引き取りなさい！」という呼びかけにもどって考えてみます。「引き取れません」では問題は解決しませんが、「引き取る代りに基地をやめよう」と努力するならば少なくとも方向としては間違っていないと思います。

権力の麻薬中毒を起こしやすいのが武力を中心とする組織であることを考えれば、この組織が占拠する基地が非人間的なものであることはいうまでもありません。米軍基地が憲法九条に違反するということは、一九五九年三月三〇日東京地裁での砂川事件に対する伊達秋雄判決が明らかにしているところです。その後、最高裁でこれがくつがえされる間にアメリカ大使の介入があったことは、今日すでに周知の通りです。

基地を引き取る代りに基地をなくすというのは決して容易ではありません。しかし新しい基地を作らせないで古い基地を減らしていく努力を重ねることは、不可能ではないと思います。それと同時に一九五〇年朝鮮戦争当時、占領軍の命令で警察予備隊としてはじめられた日本の再軍備が、今日の自衛隊にまで拡大し、さらにこれを「国防軍」にしようとする自民党改憲案が現われ、あるいは「集団的自衛権」を認めて海外での武力行使ができるようにする解釈改憲がなされようとする現況を前にするとき、もう一度憲法制定当時の初心にかえって、自衛隊を武器を持たない災害救助隊に改編していく努力をするべきだと思います。こうした平和への道を進めるためにできるだけの力を集める必要性を最後に訴えたいのです。

（二〇一四年四月三日）

知念ウシ

石田さんへの手紙

（書き下ろし）

石田さん、こんにちは。お返事ありがとうございました。これで石田さんはもう筆をお擱きになるとのこと。私はまだまだお聞きしたいことがたくさんあるので、とても残念ですが、トゥジミに（締めるにあたって）、これまでのやりとりをふりかえって考えたことを書いてみます。

私たちの往復書簡は石田さんの私宛の

「日本語で失礼します」

という一行から始まりますね。実は、これは何度読み返しても、いや、むしろ、読み返せば読み返すほど、私にとってドキッとするものです。私たちの権力的な立場の違いというか、そういう弓の矢が石田さん側から放たれ、それが刺さる感じがします。

さて、最初のお手紙を郵送でいただいて、私が「アイヤー！」と思ったということを書きましたが、そのときのことをもうすこし説明したいと思います。

本文中に「加害（者）の側にいる一人として」という表現が二回出てきました。そのすぐあとに「福島についても犠牲を周辺におしつける形の」とあるので、ご自分が沖縄にとってもそういう意味での加害者側である、というポジショナリティに石田さんはしっかり立っていらっしゃるんだなあ、と思いました。そしてこうありました。

この本の読者（加害の側にいる）の一人として沖縄からの鋭い問いかけに期待して他人頼みの無責任に陥らないように、なんとか日本の底辺から組み替えをと考えているのですが、九〇歳を超える老人としては肉体的制約で、歩ける範囲内の小さなつながりを通じて世代間交流をし、残された課題の解決策についていっしょに討議する努力だけは続けていきたいと考えています。

私は、いいなと思いました。人々が生きている日常生活を基盤にした小さな集まり、顔の見える人間関係のなかで、石田さんを媒介に私の本も読まれ、県外移設の問題、沖縄への日本人の植民地主義について考えてもらって、「加害者」をやめること、具体的にどうやったらやめられるかを議論し行動に移していければ、日本が底辺から変わることになるだろう、とうれしく思いました。石田さんは九〇歳をむかえながらそういう活動を続けていらっしゃるなんてすごい、私もそんな生き方がしたいと思いました（ここで、ふと気づきましたが、辺野古をはじめ、沖縄の反基地運動の現場でも沖縄のシージャカタ〔お年寄りの先輩方〕ががんばっていらっしゃいます。沖縄戦を体験し激動の沖縄戦後史を生き抜いてきた方々だけに、子孫《クワンマガ》のために沖縄に基地を残さないという固い決意でご努力なさっている姿に、後輩として自分の力不足を感じ、申し訳なく思っています。早く引退させて差し上げたい。同時に、私も早く反基地運動から引退したい。このまま基地がなくならず、カマドゥー小たちの集いの活動を続け、「普天間のオバァ」などと呼ばれることになったらいやだなあ、というのが正直なところです）。

しかし、あれ、でも、そういえば、石田さんご自身は「県外移設」も「植民地」という言葉も使っていない、これってどういう意味なんだろうか、スルーされたのかな、いやそんなことではないんじゃないか、追伸もお書きだというから、そこでわかるだろう……、という期待と不安の入り混じった気持ちで、追伸を待っていました。

そして「追伸」では、ヤマトゥでの運動の歴史の反省、今日の日本の国家主義支配の分析、対抗方法の考察がなされていました。それをずっと読んできて、最後のほうで

そのためには多様な人たちとの日常的な対話のなかで、自分が権力状況のうちに占めている位置（どの面で被害者でありどの面で加害者であるか）を見定めたうえで、最も有効な協力方法を選び、出来るだけ広い連帯を作り上げる努力を重ねるほかはないでしょう。

とありました。私はそうだと思いました。日常的な対話というのが民主主義の基礎だし、そこで、ヤマトゥの人々が自分たちの、沖縄に基地を押しつける植民者の立場というものを自覚して、それをやめる、基地をひきとって自分たちでなくす、という運動を広げていくという努力を重ねるしかないよなあ、と思ったのです。そして、そのほかに性急な近道はない、時間はかかってもそのような原則的な立場を貫くほかかない、という話を、フムフムとうなずきながら読んでいき、

ただ、このような原則論を述べるだけでは、沖縄の方からは、なお辛抱強く待てと言うのかとおしかりをうけるでしょう。

という文章が目に飛び込んできたのです。

ええっ、これって、こういう話だったの！

びっくりしました。ガクッとなったのです。

しかも、これって、ちょっとずるい文章ではないですか。ご自分で「沖縄のみなさん、まだ辛抱強く待つしかないですよ」とおっしゃるのではなく、石田さんの文章を読んだ沖縄の人（私のこと？）がそういうふうに受けとって、怒ってそういうふうに言っている場面を読者に想像させて、その沖縄人に言わせているからです。これは先に「他人頼みの無責任に陥らないように」と石田さんご自身でおっしゃったことと矛盾するような……。

そして、さらにその理由として

原発反対の金曜首相官邸前抗議と比べられる運動が沖縄の基地反対に関して起こらなかったことは事実です。

とおっしゃる。その次のお手紙でも、東京に基地を引き取る運動は「現実に難しい」とあります。私はこれに「どういう意味ですか」と質問しましたが、まだ答えていただいていません。「事実」とか「現実」が理由になるというのはおかしいと思います。それをどうするか、それにどう働きかけていくかについて私たちは話し合っているのですから。石田さんご自身も長い間、日本の民主化のための

お仕事をなさってきて、

「そうは言ってもそれが日本の現実ですから」とか
「それが事実ですから」

と返されたことはあるのではないですか。そのときどうお思いになりましたか。

「あ、そうか、じゃあ、仕方ないな、そのまま待とう」

と思えましたか。そんなことはないはずです。しかし、もし万が一そうだとしたら、それはご自分が実はそれでそれほど困っていないからではないでしょうか。そもそも「加害者側にいる一人として」とお認めになったうえで、「なお辛抱強く待て」とおっしゃれる(文面上は、ご自分で直接おっしゃってはいないわけですが……)というのが信じられません。


繰り返しになりますが、「本文」中の「加害の側にいる一人として」「他人頼みの無責任に陥らないように」「日本の底辺から組み替えをと考えている」というところを私は「加害者であることをやめる」すなわち、基地を引き取る、という可能性と希望の読み込めるところだと思いました。ところが、「追伸」では、日本国の国家主義への国民の抵抗の仕方がテーマになり、そうなると、沖縄はなお辛抱強く待て、ということになる。どこで話が変わったのでしょうか、不思議です。石田さんが最初にご指摘なさった

「加害者は加害の事実を忘れようとし、被害者は決して忘れることが出来ないという鉄則」

が発動する何かが、そこにあるのでしょうか。

ところで、その最初のお手紙の終わりの方で、石田さんは東京で反沖縄基地運動が反原発運動ほど盛り上がっていないことの原因として、二つあげていらっしゃいます。東京からの距離の差と歴史的

背景の違いです。ここで確認しておきたいのは、東京の反原発運動とは反福島原発のみを意味しない、ということでしょう。原発は福島だけにあるのではありません。それぞれの都会にとっての周辺地域に押しつけられているとしても（沖縄県を除いた）全国に五七基あります。そして、福島県だったから事故が起こったのではありません。どこででも起こりうるでしょう。そしてもしかしたら、ひょっとしたら放射能は東京にも流れ込んできているかもしれません。東京で盛り上がる反原発運動とはそのような文脈があると思います。そして「歴史背景の違い」とは、もともと沖縄県は琉球国という別の国であり、併合から現在まで宗主国の犠牲にされてきている、という意味ですよね。

石田さんはお手紙の最後に「この違いも意識して沖縄の問題にとりくむために」私の本を読み、読者が私の「問いかけに答える場面を想像することが大きな役割を果たす」と言って、本を薦めてくださっています。拙著をご推薦くださったことは心から感謝します。そのうえで、繰り返しになりますが、私の問いかけとは、その二つの違いも合わせて、「県外移設」という要求の意義を含めた植民地問題への、ヤマトゥの読者による自らの植民者というポジショナリティを踏まえた応答の呼びかけなのです。石田さんご自身の応じ方が読者にとってひとつのモデルになるでしょうから、石田さんと私との間で議論がぐるぐる回って終わってしまわないことを願って、私は石田さんへのお返事を書いています。

二回目にいただいたお手紙で、石田さんは基地引き取りについて応答していない、という私の指摘に

「御批判の通りです」

とお認めになります。そしてそれについてお答えになろうとするのですが、ところどころで言い方が

変わるので私は混乱しました。

「日本政府よ、沖縄の基地を引き取りなさい!」ということに対しては異存ありません。ただ、その場合、私は政府に反対して、基地の増設に抵抗することになります。もし「日本人の責任」として基地を引き取ることを約束したら（略――筆者）認めることはできません。

と。その七頁後にあります、

「基地を沖縄から引き取ろう」という運動をするよりは、一人でも多くの人が力を合わせて、この（差別と抑圧――筆者）構造に支えられた軍事化に抵抗する運動をすべきだと思います。

と。そして次の頁、お手紙の終わりのほうにはこうあります。

重ねて念のため、くりかえしますが、私は「県外移設」を心から願っています。

石田さんは、本当に「心から願って」いらっしゃるのでしょうか。「くりかえ」す前に、それをどこにお書きだったのでしょう。三回目のお手紙の終わりのほうではこうです。

「引き取れません」では問題は解決しませんが、「引き取る代わりに基地をやめよう」と努力をするならば少なくとも方向としては間違っていないと思います。

ああ、やっぱりお引き取りにならないんですね。ではあの「心から願う」発言は何だったのでしょうか。

二回目のお手紙で、石田さんは「植民地」という言葉を使わなかったことと「県外移設」への「対応が明確でなかったこと」は関連しているとします。つまり、日本帝国は西洋の帝国主義と異なり、植民地という明確な境界線がひけない連続性があるという特殊性があり、その「灰色の領域」を逆手にとる基地撤去運動を広く連帯してつくっていくべきだとお考えになっているからです。

そこで私は、これは、どこでだれがどうすることなのか、すなわち、私たちがだれとどのように連帯することなのか、を具体的にイメージするために、（ユダヤ人や世界の九九％の人のことも入ってきているようにも受け取れたので）「日本帝国の歴史形成過程の特殊性」から「灰色の領域」とはどのことか、また、あらためて、台湾や朝鮮などの旧植民地の位置づけも質問しました。しかし、石田さんのお答えでは、権力状況一般の話になり、「日本帝国の特殊性」がなくなったように思います。そのさい「灰色の領域」とは客観ではなく主観で決まるとしながらも、客観で決まっているように読めるところも多くあります。『広辞苑』から「植民地」の定義を引用することも（ひけないはずの）「境界線」をひくことではないでしょうか。また

「私が注目したいと思うのは沖縄戦以後です」

ともおっしゃり、ここでも「日本帝国の特殊性」の話がなくなったような……。それでまたよくわからなくなりました。

いただいた三つのお手紙全体を通して不思議だったのは、石田さんはご自分では、二項対立の言い方を用いていらっしゃるのに、私が使うと、「たくさんの人の協力や連帯が欲しいなら、対比や対立、違いを強調するのではなく、連続性に着目、強調した物言いをしたほうがいい」とおっしゃることです。いいえ、もちろん、直接そうはおっしゃいません。例えばこんなふうです、

他者感覚を基礎にして「永久革命としての民主主義」を現実状況のなかで実現するときには、理念型的対抗を強調するだけでなく、できるだけ広い連帯と協力を必要とします。そのためには抑圧移譲の連続面に注目して、どの段階にある人も、それぞれ加害と被害の両面性を自覚し、逆ドミノの方向にむけて協力するように求めることが必要だと思います。

石田さんは、ご心配なんですか。多くの日本人は私のような呼びかけを好まず、聞きたくないから、気分を害し、

「そんなこと言うなら、沖縄の基地問題を放置して、押しつけを続けるよ」

と「おしおき」するだろう、と予測していらっしゃるんですか。だから、私に別の言い方をしたほうがいいとほのめかし、アドヴァイスしてくださるのでしょうか。だったら、私に言うのではなく、こういう人たちに対して、私の真意を説明して、そのようなことをしないように説得してくださいませんでしょうか。

私は「沖縄に基地を押しつけているヤマトゥのなかでどのような『抑圧移譲』があるのでしょうか」と聞きました。石田さんは「貧困を生み出す経済の現状がなによりのわかりやすい例」だとして、

り

それが、沖縄の全市町村長らによるオスプレイ沖縄配備反対の銀座デモに投げかけられた、日本人からのヘイト・スピーチももたらしていると説明していらっしゃいます。さらに、しかし、そのような右翼的不満層より、現実の政治を規定しているのは、自分が「灰色の領域」にいることも意識していない多数の人たちであり、それをどのように変えられるか、と問います。そして原則論としてはやはり「永遠の課題としての他者感覚を基礎にして、永久革命としての民主主義を追求する」となるとおっしゃる。そのために、他者感覚を鋭くし、「沖縄が直面している困難が、遠くの私たちに無縁の問題ではなく、私たちが気づかない間に沖縄におしつけた結果なのだと自覚するように」隣人を説得しなければならない、また、抑圧移譲の連続性を強調したのは「灰色の領域の自覚によって沖縄への加害の関係を認識する」ためだとおっしゃいます。

ここまできているのに、「『引き取る代わりに基地をやめよう』と努力する」で止まってしまうのはなぜか、と私は不思議でたまりません。「基地をやめよう」と戦後長いこと努力してきて、それでも、安保条約支持が八一％。これをどうするか。基地がやめられる展望がいま見えているなら、引き取れだなんて言いません。「少なくとも方向として間違っていない」のは当たり前のことです。沖縄の人口は日本国のなかで一％です。もしその全員が安保に賛成していたとしても、八一％のうちのその一％にしかなりません。「本土の基地負担を肩代わりするために基地の増大強化」があり、それは「私たちが気づかない間に沖縄におしつけた結果」であると、石田さん御自身がおっしゃっています。そうやって七〇年。昨今のヘイト・スピーチどころではありません。これもまだ答えていただいていないのでしつこく聞かせてください、「日米安保条約が廃棄されるまで、石田さんはどこに在日米軍基地を置けばいいとお思いになりますか」。

二回目のお手紙で石田さんはこうおっしゃいます。

前述した抑圧と差別の構造（＝抑圧移譲の連鎖的重層構造――筆者）を下から少しでも変えるほかはないと思います。「基地を沖縄から引き取ろう」という運動をするよりは、一人でも多くの人の力をあわせて、この構造に支えられた軍事化に抵抗する運動をすべきだと思います。それは決して沖縄の問題を忘れることによってではなく、逆に沖縄にいる人の身になって考え、沖縄の困難を解決するために必要だからです。なぜならこの構造の矛盾が沖縄に集約されているからです。

ここは何かがおかしい。論理にずれがあるような気がします。

まず、その矛盾が沖縄に集約された構造の「下」とはどこのことでしょうか。権力状況における「灰色の領域」の底辺部分？　だとしたらそこはどこ？　特殊日本型植民地体制の帝国の底辺部分？　だとしたらそこはどこ？　それとも、歩ける範囲の小さなつながりにおける日常的な直接的対話の現場のこと？　だとしたら、そこはどこ？　ヤマトゥ？　沖縄？　そして「下から変えるほかはない」のに、「その構造に支えられた」＝その上部にある「軍事化に抵抗する運動をすべき」とは、どこで何をどうすることなんでしょうか。

差別（植民地主義）に反対することと軍事化に反対することは優先劣後の関係ではありません。「差別に反対するためにまず軍事化に対して先に抵抗する」と差別している側が言うのなら、私はやはり、「女性差別に反対するためにまず資本主義に対して先に反対する」、と女性差別している側が言うのと同じものを感じます。

差別をやめながら軍事化にも抵抗することはできると思います。基地を引き取りながら、基地をなくしていく。これは「他者感覚」で「沖縄にいる人の身になって考え」ることというより、安保を欲し、なくせておらず、それを沖縄に押し込め見えないようにしてシランフーナーしている自分という存在をしっかり見つめ（「自己感覚」⁉）、そういう自分をやめるという取り組みです。そうするからこそ、自分の問題として軍事化についても当事者意識とリアリティをもって考えられ、いやならやめるという選択の途と希望がうまれてくるのではないでしょうか。

石田さんは、反原発の人たちとも「命」「平和的生存権の尊重」という観点から反沖縄基地運動がつながる可能性に期待していらっしゃいます。しかし、これも、「二項対立的植民地主義の断絶線の問題」を直視せず、それに蓋をして近づくことなら、これまでの関係は変えられないと思います。そうなるといつまでたっても、私たちは、新しい関係性に互いを拓いていくことはできないのではないでしょうか。これは、沖縄が今後日本国から独立しようがしまいが、続く課題です。

最後に、私が大学生だったとき、石田さんはもう東大を退官なさっていました。しかし当時、東京大学法学部の学生たちは、「石田先生の言うことには〜」と引用しながら議論したものでした。私はそのようなかで石田さんの存在を知ったのです。今回、このように石田さんと真剣に議論できましたことは、私にとって大変光栄で、貴重な体験となりました。いっぺーにふぇーでーびる。ありがとうございました。これからもどうかお元気でいてください。本当はもっと議論を続けたいです。

あとがき

知念ウシ

雑誌「未来」連載の「沖縄からの報告」が四年二クールを越え、今回第二集目としてまとまることになった。ふと気がつくと、執筆者のなかで四年間書き続けたのは私ひとりで、私が一番の古株となってしまった。本欄が沖縄の「若い」（本当はもうそうでもないのだが……）書き手に場を与え研鑽を積む機会となっていることに感謝する。

第一集のタイトルは『闘争する境界——復帰後世代の沖縄からの報告』で第二集の本書は『沖縄、脱植民地への胎動』である。前回の書名を最初に聞いたときに『逃走する境界』、すなわち「私たちを『境界』と位置づけるものからの逃走《チャーヒンギー》」という意味だと思ってしまった私には、沖縄のベクトルが明らかになってきているのを実感する。しかし、それは危機がより深まっていることの表われでもある。

いよいよやいばを剥き出して沖縄へ襲いかかる植民地主義に、無意識に、あるいはシランフーナー（知らんふり）、ソンダンフーナー（見ないふり）、あるいは確信犯として関わり、加担、共犯することから免れられるひとは果たしているのだろうか。それをどうやったらやめられるか、そこから脱することができるか。

植民地主義という分断線における「植民者」「被植民者」というポジショナリティー。ほとんど自分で好き好んで選んだわけではないだろうところのそれを引き受け、自分に内面化されている植民地主義を薄皮を剥がすように一枚一枚剝がしていく。このことが何をやるにも不可欠な前提作業となるだろう。それは痛みも伴うが、しかし、新しい自分をつくる解放感、充実感のあるものにもなるのではないか。本書が、読者とともにそのような小さな実践を重ねる試行錯誤と、それを記録するものになっていることを祈る。

本書には、私と石田雄さんの往復書簡も第三部として収録されている。単独のブックレットにする案もあったが、このようにまとまることとなった。石田さん、共著者のみなさん、編集者に感謝したい。しかし同時に本書の出版が遅れたのは、私の石田さんへの最終回《トウジミ》がなかなか書けなかったせいである。いつも優しくおだやかで礼儀正しい担当編集者の長谷川大和さんをさえ、私はプチ閻魔化させてしまいそうになった（拙著『シランフーナーの暴力』あとがき参照）。長谷川さんはじめ、お待たせした皆さん、すみませんでした。でも石田さんと本気で議論したかったので、時間がかかってしまったのです。どうかお許しください。それにも関わらず、言いたかったことをすべて書き込めたかには自信がない。書けなかった分を含め今後も書いていきたいと思うが、ああ早く「沖縄からの報告」の必要性がなくなる日が来ますように。

＊＊＊

　二〇一一年三月から三年間、筆者はこれまでの生涯の大部分を過ごした沖縄本島を離れ、県内離島の宮古島に転居した。本書に収録された拙文を書いた時期は、ちょうどその滞在時期にあたる。

　宮古島には自身の生まれ島である伊良部島が隣接している。だが生後約半年で沖縄本島に移り住んだ筆者にとって、伊良部島（を含む宮古圏域）は、「原郷」であり、同時に「異郷」でもあるような場所として感受された。

　二〇一四年三月からは再び沖縄本島に居を移した。だが、宮古滞在時に感じた、出生地に対する感覚――自分の立ち位置が対極的な両義性に分裂してあるという感覚――は拭いがたいものとして残っている。現在の私にとっては、この齟齬、差異、両義性を手放さないことが重要だと思える。

　前著同様、掲載された拙文は多くの諸氏からの触発や意見交換の産物である。連載への執筆を誘っていただいた仲里効さんの存在がなければ、知念ウシさん、桃原一彦さん、赤嶺ゆかりさんという沖縄の言論の前線に立つ論客と筆者の拙文が並ぶことはなかった。連載時の校正、本書の出版にあたっては、未來社の西谷能英氏、長谷川大和氏、高橋浩貴氏（現在は退社）の御三方にお世話になった。各位に感謝の念を記したい。

＊＊＊

與儀秀武

桃原一彦

この「あとがき」を書いている最中、あるニュースが飛び込んできた。仲井眞弘多沖縄県知事が本年十一月の知事選挙に向けて、三選出馬を表明したというものだった。普天間基地の辺野古移設計画の陸側工事が開始され、沖合のブイ設置やボーリング調査など埋め立ての既成事実化が進むなかで、いよいよ沖縄は大きな政治的節目をむかえようとしている。

また、警察庁は辺野古警備を、否、運動弾圧を目的とした「公安捜査隊」なるものを設置し、抵抗の現場の人々を「犯罪者」として扱う動きもみられる。また、このような眼差しは、沖縄社会そのものに対する「予防拘禁」と言ってもいいだろう。

もちろん、この国（および米軍側）の沖縄に対する「処罰」と「予防拘禁」の眼差しはいまに始まったことではない。たとえば、二〇〇一年の〈九・一一〉直後、米軍基地を警護するためゲート前に配置された警察車両の機銃の銃口は、沖縄住民の方に向けられていた。日米地位協定という根拠において、日本警察は軍隊を守れど住民を守らない。

そして、私が勤める大学キャンパスに米軍海兵隊ヘリが墜落したあの事件のときも、米兵らは銃を携帯しながら現場を封鎖し、手際よく（大学側に無断で）処理していった。日本警察は、墜落現場でピザとホットドッグをほおばりながらカードゲームを楽しむ米兵らをジュラルミンの楯で保護した。それは、加害者と被害者の関係を逆転させ、被害者を「容疑者」へと転化する見事な連携プレイだった。

『闘争する境界』刊行から二年、この間の「沖縄からの報告」の執筆は「県外移設論」を軸に「内なる／外なる」日本人への問いかけであった。それと同時に、大学生らと向き合い、その感性的なものの「不和」と政治的な発露の可能性を模索することが主たるテーマであったように思う。

ヘリ墜落事件当時、学生だった者たちは、もう三十歳前後となった。かれらは、事件からちょうど十年となる今年の八月に大学に再集合し、〈いま〉という立ち位置から自らと沖縄について語り合う場を企画しているのだという。現場の土壌は根こそぎ持ち去られたが、学生たちの身体には決して奪うことのできない記憶の地下茎が張り巡らされているようだ。私に課せられたのは、そのような痕跡を書き込み続けていくことなのかもしれない。

＊＊＊

「胎動」とは、母体内で胎児が動くように「新しい物事が内部で動き始めること」を意味する。執筆にあたっては、（ときには非常に私的であったが）この「内部の動き」にこだわっていたので、本のタイトルを知らされて驚いた。本書では、脱植民地化について、政治的なプロセスよりも、自己決定の基盤づくりのための社会的なプロセスに焦点を絞って述べてきた。時の経過によって（私や私たちの）意識や動きはどのように変化しているのか、それが脱植民地化の動きとして発展できると、未来への希望として書かせて頂いた。書き終えては落ち込んだりの繰り返しだったが、自信というか元気を回復している自分に気がついた。

赤嶺ゆかり

妊娠中の話になるが、お腹の赤ちゃんは私の大きな声や音に敏感に反応し、グニャグニャと活発に動き出していた。妊娠初期の蕁麻疹の痒みの苦しさを乗り越え安定期に入り、新たな生命を実感することで幸せに満ち溢れると同時に、赤ちゃんと出会う楽しみで、自信に満ち溢れるようになっていたと思う。辞書にはないが、胎動とは、「強い自信を育むエンパワーメントのプロセス」ということも付け加えたい。

最後に、いつも私の研究と実践を支えてくれる夫と息子、両親、家族や親戚、ハワイや沖縄の友人たち、オキスタ107の仲間、知念ウシさん、桃原一彦さん、未來社のみなさんへ、心より感謝申し上げます。

執筆者略歴（執筆順）

知念ウシ（ちにん・うしぃ）
　1966年、沖縄島那覇市首里生まれ。津田塾大学、東京大学卒業。むぬかちゃー&むぬかんげーやー、沖縄国際大学非常勤講師。著書に『植民者へ——ポストコロニアリズムという挑発』（共著、松籟社、2007年）、『ウシがゆく——植民地主義を探検し、私をさがす旅』（沖縄タイムス社、2010年）、『闘争する境界——復帰後世代の沖縄からの報告』（共著、未來社、2012年）、『シランフーナー（知らんふりの暴力）——知念ウシ政治発言集』（未來社、2013年）、*Under Occupation: Resistence and Struggle in a militarised Asia-Pacific*（Daniel Broudy eds., Cambridge Scholars Publishing, 2013）。翻訳に『りゅう子の白い旗——沖縄いくさものがたり』（新川明文・儀間比呂志版画、出版舎Mugen、2011年）、『トラウマと身体』（共訳、星和書店、2012年）など。

與儀秀武（よぎ・ひでたけ）
　1973年、宮古島市伊良部生まれ。琉球大学大学院人文社会科学研究科修了。沖縄文化論。著書に『闘争する境界——復帰後世代の沖縄からの報告』（共著、未來社、2012年）。主要論文に「沖縄と日本国憲法」（「情況」2008年5月号）など。

桃原一彦（とうばる・かずひこ）
　1968年、南風原村（現南風原町）生まれ。東洋大学大学院社会学研究科博士後期課程単位取得退学。現在、沖縄国際大学総合文化学部准教授。社会学。著書に『都市的世界／コミュニティ／エスニシティ』（共著、明石書店、2003年）、『植民者へ——ポストコロニアリズムという挑発』（共著、松籟社、2007年）、『「文化」と「権力」の社会学』（共著、広島修道大学学術交流センター、2008年）、『闘争する境界——復帰後世代の沖縄からの報告』（共著、未來社、2012年）など。

赤嶺ゆかり（あかみね・ゆかり）
　1967年生まれ。ハワイ大学大学院社会学部修了。現在、沖縄キリスト教学院大学・沖縄大学非常勤講師、オキスタ107カリキュラム研究主任。英語教育および教育の脱植民地化の方法論研究。主要論文に「ワッター沖縄学：Okinawan Studies 107」（『「時の眼—沖縄」批評誌N27』創刊号、2013年）など。

沖縄、脱植民地への胎動

発行――二〇一四年八月二十五日　初版第一刷発行
定価――本体二二〇〇円＋税

著　者――知念ウシ・與儀秀武・桃原一彦・赤嶺ゆかり

発行者――西谷能英
発行所――株式会社　未來社
東京都文京区小石川三―七―二
電話　〇三―三八一四―五五二一
http://www.miraisha.co.jp/
email:info@miraisha.co.jp
振替〇〇一七〇―三―八七三八五
印刷・製本――萩原印刷
ISBN978-4-624-41098-8 C0036

〔消費税別〕

知念ウシ・與儀秀武・後田多敦・桃原一彦著
闘争する境界
〔復帰後世代の沖縄からの報告〕「未来」連載「沖縄からの報告」二〇一〇〜二〇一二年までを収録。ケヴィン・メアの暴言、基地問題などをめぐる沖縄からの反応をとりあげる。
一八〇〇円

知念ウシ著
シランフーナー（知らんふり）の暴力
〔知念ウシ政治発言集〕日米両政府の対沖縄政策・基地対策の無責任さや拙劣さにたいして厳しい批判的論陣を張り、意識的無意識的に同調する日本人の政治性・暴力性を暴き出す。
二二〇〇円

川満信一・仲里効編
琉球共和社会憲法の潜勢力
〔群島・アジア・越境の思想〕一九八一年に発表された川満信一氏の「琉球共和社会憲法C私（試）案」。十二人の論客が「川満憲法」の現代性と可能性をあらためて問い直す。
二六〇〇円

仲里効著
悲しき亜言語帯
〔沖縄・交差する植民地主義〕沖縄の言説シーンにひそむ言語植民地状態をあぶり出す。ウチナーンチュ自身によるポストコロニアルな沖縄文学批評集。
二八〇〇円

喜納昌吉著
沖縄の自己決定権
〔地球の涙に虹がかかるまで〕迷走する普天間基地移設問題に「平和の哲学」をもって挑みつづける氏が、沖縄独立をも視野に入れ、国連を中心とする人類共生のヴィジョンを訴える。
一四〇〇円

高良勉著
魂振り
〔沖縄文化・芸術論〕著者独自の論点である〈文化遺伝子論〉を軸に沖縄と日本、少数民族との関係、また東アジア各国において琉球人のありかたについても考察を加えた一冊。
二八〇〇円